EMELY BENITEZ

*Construyendo Tu Vida Como
Una Casa Espiritual*

Porque el mandamiento es
lámpara, y la enseñanza es
luz, y camino de vida
las reprensiones que te
instruyen.
        Proverbios 6:23

Construyendo Tu Vida Como Una Casa Espiritual

J. ROIG

Copyright © 2009 by J. Roig.

ISBN: Hardcover   978-1-4415-8301-7
          Softcover   978-1-4415-8300-0

All rights reserved. No part of this book may be reproduced or transmitted in any form or by any means, electronic or mechanical, including photocopying, recording, or by any information storage and retrieval system, without permission in writing from the copyright owner.

Texto bíblico tomado de la Santa Biblia, NUEVA VERSIÓN INTERNACIONAL® NVI® © 1999 por la International Bible Society ®. Reservados todos los derechos en todo el mundo.

This book was printed in the United States of America.

To order additional copies of this book, contact:
Xlibris Corporation
1-888-795-4274
www.Xlibris.com
Orders@Xlibris.com

Contenido

Dedicatoria y Agradecimientos 7
Introducción 9

1) Administración 11
2) Plan de Construcción 21
3) Escogiendo el Terreno 33
4) Edificando el Fundamento 69
5) Edificando el Piso de Nuestra Vida 91
6) Edificando las Paredes Espirituales 107
7) Edificando tu Techo Espiritual 129
8) Controlando la Temperatura Espiritual 143
9) Opciones y Mantenimiento 155
10) Llenando la Casa 165

Conclusión 175

Dedicatoria y Agradecimientos

En primer lugar quiero agradecer a mi Padre Celestial por haberme concedido el don de comunicar y enseñar su Palabra. Quiero dedicar este libro como primicia ante Dios porque sin Él nada podría hacer. Gracias Padre, gracias Hijo y gracias Espíritu Santo por nunca dejarme solo en este caminar. Gracias Espíritu Santo por tu unción y poder, los cuales me dan la fuerza para seguir hacia delante con la mirada puesta en Jesús.

En segundo lugar agradezco y dedico este libro a mi esposa. Gracias por tu paciencia y palabras de apoyo durante todo este tiempo que he dedicado a este libro. Perdóname por las largas noches que muchas veces me quedé escribiendo en la computadora, pero recibirás tu premio. Gracias a mis hijos por creer en mí, y confirmarme que lo lograríamos. Gracias a mis Pastores, Saúl e Ivette Lorenzana, de Ministerios Ríos de Vida en San Antonio, Texas, por su paciencia y palabras de apoyo en todo momento. Gracias por su confianza en este proyecto.

Gracias a mi primo, José V. Figueroa, por haber sido sensible a la voz de Dios en aquel momento que me regalaste aquella Biblia que me ayudó a encontrar el camino hacia Jesús. Gracias a mis padres espirituales Raymond y Johanna Rodríguez, por no haberme dado nunca la espalda y preocuparse por mi familia para que pudiéramos llegar a la verdad de Jesús, les amamos de verdad.

Gracias a mis más que hermanos, Irving y Marilyn Sánchez, por su amistad incondicional. Ustedes son una gran bendición para mí y para mi esposa. Gracias por ser sensibles a la voz del Espíritu Santo y confirmar la palabra recibida de parte de Dios. Gracias Marilyn por tu paciencia y tu excelente trabajo en verificar y corregir el texto del libro, de verdad te lo agradezco.

No pueden faltar mis primeros Pastores, el Apóstol Pablo Fernández y su esposa la Pastora Bernarda, de las Iglesias Fuente de Salvación, Inc. Gracias por ayudarme a dar mis primeros pasos en el evangelio y por guiarme en tiempos de dificultad. Gracias por creer y confiar en mí, por este medio quiero expresarles mi amor incondicional.

Gracias a todos mis amados hermanos de Ministerios Ríos de Vida, que nunca cesaron de orar por mí y por este proyecto. En especial a mi amado hermano Aurelio De La Cruz y su esposa Ana, que siempre tuvieron tiempo para escucharme y darme palabras de apoyo. También a mi amado hermano Javier Cuevas y su esposa Doris, porque siempre creyeron que este proyecto venía del mismo corazón de Dios y que lo lograría.

Gracias a mis queridos hermanos de la Iglesia Hispana Camino, Verdad y Vida de Apopka, Florida, y sus Pastores Carlos y Alma Rivera. Sé que están esperando con anhelo este libro, gracias por sus palabras proféticas, las cuales nos estimulan a seguir "pa'lante", confiando en que Dios nos apoya en todo momento. A mi hermano y amigo de la infancia, Edward Vázquez y su esposa Ileana y familia, gracias por su amistad y por la gran satisfacción de estar juntos sirviéndole a Jesús.

Si este libro llegara a las manos de mi madre y mi hermana, les quiero decir que las amo y le pido que lean este libro sin ningún prejuicio religioso. Le pido a Dios que les de su paz y la sabiduría que solo da el Espíritu Santo para que puedan llegar al conocimiento verdadero de la Palabra.

Este libro va dedicado también a ti lector. Espero, confío y le pido a Dios que te permita entender a totalidad el mensaje que este libro contiene y que con la ayuda de Jesús y el Espíritu Santo puedas completar la construcción de tu vida como una casa espiritual. ¡Que Dios les bendiga a todos! Amén.

Introducción

El diccionario de la Real Academia Española, traduce la palabra construir de la siguiente manera: *fabricar, edificar, hacer de nueva planta una obra de arquitectura o ingeniería, un monumento o en general cualquier obra pública.* La mayoría de las personas relacionan la palabra construcción con un trabajo duro y difícil de realizar. Pero cuando analizamos la definición de la palabra construir y lo llevamos a un nivel espiritual vamos a entender que no es tan difícil lo que propongo en el título de este libro.

Quizás te estés preguntando: ¿cómo es posible construir mi vida? ¿Cómo puedo tomar el control de esta construcción? ¿Porqué es importante la construcción a nivel espiritual? Son preguntas a las cuales encontrarás una respuesta en este libro.

Otro de los dilemas que enfrentamos cuando pensamos en edificar nuestra vida es si no será muy tarde el intentar un cambio. Muchos piensan que están muy jóvenes para empezar, mientras otros piensan que debido a su edad ya es demasiado tarde.

La primera barrera que tenemos que quitar de nuestra mente es el tiempo. No importa la edad que tengas, ni lo que hasta ahora hayas logrado o no hayas logrado en tu vida. Mediante este libro podrás analizar tu vida ante los planos de construcción que Dios nos ha dejado en su Palabra, la Biblia.

La información que aquí te presento, esta basada en una palabra que Dios puso en mi corazón para compartir con toda persona, sea cristiana o no, que quiera hacer la voluntad de Dios en su vida. Acompáñame y recibe la revelación de la Palabra de Dios para que puedas conocer lo que Dios ha dicho de ti y de tu vida.

Capítulo 1

ADMINISTRACIÓN

El día 21 de agosto del 2007, me desperté como a eso de las tres de la mañana con una inquietud muy grande en mi corazón. Siempre que me sucede esto es que Dios trae una palabra a mi vida. Creo que el Señor tiene un dilema conmigo, parece que él cree que yo duermo mucho y siempre que voy a recibir una palabra de parte de Dios, no me deja dormir o me despierta muy temprano. Es así como he aprendido a ser sensible a la voz de Dios en mi vida.

Aquella noche el pensamiento que llegaba a mi mente era este: "Tú eres inspector de edificios y sabes mucho de cómo construir casas y edificios, quiero que me digas como estas tú y como está mi pueblo construyendo su *casa espiritual*." Aquellas palabras resonaban en mi mente tan claras que me desperté con una inquietud muy grande, y le preguntaba al Señor, "¿porqué quieres saber? ¿Cuán importante es la manera en que construyamos nuestra *casa espiritual*?"

En aquel momento Dios puso en mi corazón que muchos de nosotros como cristianos tenemos un problema de identidad y no sabemos primeramente lo que somos en Cristo, no tenemos idea de lo que significa o el valor que tiene nuestra vida como cristianos. Y me mostraba como muchos no veían ninguna importancia a la manera en como construían sus vidas.

En aquel momento pude ver que Dios está muy interesado en el bienestar de sus hijos y quiere que tengamos una vida plena en el ministerio pero a la misma vez, Él exige de nosotros **calidad**. El Señor me decía: "Tú, así como inspeccionas casas y edificios físicos, quiero que inspecciones tu casa espiritual y quiero que lleves esta palabra a mi pueblo, ve e investiga en mi palabra como debes construir tu casa espiritual."

Antes de yo declarar esta palabra a otras personas, era importante que yo la aplicara a mi vida y a la de mi familia. Desde aquel instante empecé una búsqueda y me puse a indagar en la Palabra de Dios, y pude ver cuán importante es para Dios la construcción de nuestra *casa espiritual.*

Mi trabajo secular es el de Inspector de Edificios, tengo más de 15 años de experiencia en la construcción e inspección de casas y edificios comerciales y estoy certificado por el Consejo Internacional de Códigos. En lo físico tengo bastante conocimiento de los códigos de construcción y cuando recibí esta palabra de parte de Dios, Él ponía en mi corazón que así como había códigos para construir una casa o edificio físico, también Él tenía códigos para nuestra *casa espiritual.*

Sentí una gran inquietud por investigar este asunto y aquella misma mañana me levanté y empecé a estudiar y a escribir acerca de este tema. Hice un análisis de la construcción de una casa física y como cada paso de esa construcción se podía aplicar a la construcción de nuestra *casa espiritual*. Pero de nada vale tener toda esta información si no reconocemos primeramente como nos ve Dios a nosotros y lo que dice su palabra acerca de lo que somos como cristianos. Mi intención principal con este libro es mostrarle la importancia de seguir las instrucciones que Dios ha dejado en su Palabra para la construcción de tu vida, porque tu vida y tu persona determinan la calidad de tu *casa espiritual.*

"¿No saben que ustedes son templo de Dios y que el Espíritu de Dios habita en ustedes? Si alguno destruye el templo de Dios, el mismo será destruido por Dios; Porque el templo de Dios es sagrado, y ustedes son ese templo." 1 Corintios 3:16-17 (énfasis mío)

Estas palabras del Apóstol Pablo son cruciales para establecer la base de este tema. Aquí el Apóstol nos da una clave acerca de nuestra identidad como cristianos, nuestra identidad como hijos de Dios y más importante aun de nuestra identidad como Templo de Dios.

La Palabra de Dios nos dice que nosotros somos un Templo de Dios y que lo que viene a morar dentro de nosotros es lo más importante para Dios, su mismo Espíritu Santo. Es por eso que nosotros como *casa espiritual*, tenemos que estar bien atentos a la manera en como construimos nuestra vida. Este proceso de construcción de nuestra vida o casa espiritual no es algo que podamos lograr de la noche a la mañana. Es por eso que es un proceso el cual se lleva a cabo a medida que seguimos en los caminos del Señor.

La razón por la que titulé este libro: **Construyendo Tu Vida como una Casa Espiritual**, es porque me propongo promover y explicar la construcción de tu *casa espiritual* estableciendo parámetros y comparaciones con la construcción de una casa física paso por paso. Cada capítulo cubre una parte de la construcción, desde quien administra la construcción hasta el final, en el que puedas disfrutar de tu casa.

Es importante que veamos cuán importante es para nuestro Padre Celestial este asunto de construir nuestra casa espiritual. Fíjate que Dios nos dice que el que destruya ese templo de Dios, será destruido por Dios mismo y después nos dice que nosotros somos ese templo de Dios. Esas palabras nos deben poner a pensar de la manera como estamos viviendo nuestra vida. Debemos tener en cuenta que un templo no aparece de la noche a la mañana, un templo se construye, lo que quiere decir que nosotros como templo de Dios estamos en proceso de construcción.

El Administrador de la obra de construcción en nuestra vidas es Dios, pero queda de parte de nosotros seguir los planos e instrucciones de construcción que Dios nos ha dejado por medio de su palabra, la Biblia.

Lo primero que tenemos que hacer para empezar la obra es establecer nuestra identidad como personas y como cristianos. Esta información es para todo tipo de persona, no importa el tiempo que lleves en los caminos del Señor o si todavía no te has decidido a seguir a Jesús, este mensaje es para ti. Mientras más pronto empieces a entender la importancia de construir tu *casa espiritual*, te aseguro que verás la bendición de Dios en tu vida de una manera sobrenatural.

Identidad Cristiana

Uno de los asuntos que más afectan a los cristianos hoy día es la falta de identidad. Hasta que no entendamos quienes somos como personas, no podemos empezar a construir nuestra vida o casa espiritual. Sería como construir sin dirección, sin planos, sin instrucciones y sin presupuesto.

Jesús dijo: "Supongamos que alguno de ustedes quiere construir una torre. ¿Acaso no se sienta primero a calcular el costo, para ver si tiene suficiente dinero para terminarla? Si echa los cimientos y no puede terminarla, todos los que la vean comenzarán a burlarse de él, y dirán: "Este hombre ya no pudo terminar lo que comenzó a construir." Lucas 14:28-30

Cuan ciertas son estas palabras de Jesús, Él solo mencionó el costo pero para calcular el costo tenemos que tener los planos para saber lo que vamos a construir. De la misma manera nos sucede con nuestra vida como cristianos, el ser cristiano cuesta, sí, hay un costo y tenemos que calcular cual será el costo de nuestra casa espiritual para que terminemos lo que empecemos y nadie se burle de nosotros como pasó con aquel hombre que no pudo terminar su obra.

En mis años como cristiano, he visto a muchos empezar, pero también he visto a muchos de esos abandonar la construcción de su vida o *casa espiritual*.

Es por eso la importancia de establecer y entender nuestra identidad. Ya vimos al principio que Dios mismo nos dice que somos su templo. Pero, te preguntarás, ¿Qué significa esto para mi vida?, o ¿Cómo es posible que el Espíritu de Dios venga a morar en mí? Estas son preguntas que han estado en la mente de todo cristiano, especialmente cuando venimos a los caminos del Señor y aceptamos a Cristo como nuestro Señor y Salvador.

Por eso quiero explicar como sucede este acontecimiento en tu vida antes de seguir con la construcción de tu *casa espiritual*, porque si no entendemos esto se nos va a hacer muy difícil nuestra vida como cristianos y nunca podremos vivir una vida plena en el ministerio.

"Que Dios mismo, el Dios de paz, los santifique por completo, y conserve todo su ser—Espíritu, Alma y Cuerpo—irreprochable para la venida de nuestro Señor Jesucristo." 1 Tesalonicenses 5:23 (énfasis mío)

Para entender el concepto de que somos Templo de Dios, primero tenemos que entender lo que somos como personas. En su carta a los Tesalonicenses, el Apóstol nos aclara que todo nuestro ser está compuesto de tres elementos los cuales son Espíritu, Alma y Cuerpo.

Este tema ha traído mucha confusión y yo no pretendo exponerlo de una manera complicada. Quiero explicarlo de la manera más sencilla posible porque entiendo que a veces somos nosotros mismos los que complicamos la palabra de Dios. Escuché a alguien decir que **"Dios hizo su palabra simple, para personas complicadas."** Para entender la palabra de Dios, tenemos que olvidarnos de nuestra lógica humana. No le podemos poner lógica humana a las cosas de Dios, porque nunca le entenderíamos y nuestra Fe se afectaría a tal grado que nos alejaríamos de Dios.

Cuerpo: el cuerpo es lo que ves en lo físico. Es lo que ves cuando te miras al espejo, es tu exterior o lo que puedes palpar con tus ojos y tus sentidos. Es lo que te da tu individualidad aquí en la Tierra, porque no hay dos personas iguales, aun los gemelos idénticos no son iguales y hasta cada persona se le puede identificar por medio de sus huellas las cuales son únicas. La grandeza de la creación de Dios se puede ver por la variedad de personas que existen, diferentes tamaños y colores, porque Dios no es un Dios aburrido, a Él le gusta la variedad. Tu cuerpo es la carne.

Alma: el alma es lo que tú eres en tu interior. Tus pensamientos y actitudes, tus sueños y metas, tus logros y tus fracasos, tus hazañas y tus miedos. Es lo que te ha formado como persona hasta ahora y lo que seguirá formándote. Es la manera como actúas ante diferentes situaciones y como tratas a los demás. Son los sentimientos que hay en tu corazón y en tu mente los cuales determinan que clase de persona eres y haz de ser. Es tu persona interior.

Espíritu: ahora llegamos a la parte bella del asunto. Tú puedes sentir tu cuerpo y tu alma, tienes acceso directo a ambos. Pero tu Espíritu es algo más profundo, no puedes acceder a tu Espíritu con la facilidad con que accedes a tu cuerpo o alma. Es en el Espíritu donde ocurre un cambio total cuando aceptas a Jesús como tu Señor y Salvador. Este es un concepto muy difícil de aceptar cuando empezamos nuestra vida de cristianos, venimos a la Iglesia, escuchamos una buena predicación, nos dicen que si aceptamos a Jesús naceremos de nuevo. Nos leen el texto de 2 Corintios 5:17-18 que dice: **"Por lo tanto, si alguno está en Cristo, es una nueva creación. ¡Lo viejo ha pasado, ha llegado ya lo nuevo! Todo esto proviene de Dios, quien por medio de Cristo nos reconcilió consigo mismo y nos dio el ministerio de la reconciliación."**

Nos predican un nuevo nacimiento y quedamos tan confundidos como Nicodemo cuando Jesús le hablo del nuevo nacimiento. Y aceptamos a Jesús y muy contentos nos vamos a nuestra casa y nos miramos al espejo. No vemos ningún cambio, seguimos siendo los mismos físicamente, las mismas libras demás, las mismas arrugas, la misma cara y no visualizamos ningún cambio porque esperamos algo en lo físico.

Es en ese momento en que aceptamos a Jesús cuando comienza nuestra victoria, porque en ese momento muere tu viejo espíritu y viene a morar en ti un espíritu nuevo, viene a morar en ti el mismo espíritu que tuvo Jesús, El Espíritu Santo de Dios. Si quieres aprender más de este tema, te recomiendo el libro titulado *Espíritu, Alma y Cuerpo*,1 escrito por Andrew Wommack, es un libro que me ayudó mucho en mi estudio.

Es vital entender que no podemos acceder a nuestro espíritu por ningún medio natural. De hecho la Palabra de Dios dice en Juan 3:6, **"Lo que nace del cuerpo es cuerpo; lo que nace del Espíritu es espíritu."** Aquí Jesús nos deja saber que no existe una conexión directa entre la carne y el espíritu.

Antes de aceptar a Jesús, nuestra vida es dirigida por la carne, por tu cuerpo, por nuestros sentimientos y por lo que nos gusta o nos da placer a nosotros como individuos. Pero una vez que aceptamos a Jesús, y empezamos la vida cristiana y ocurre el nuevo nacimiento, tenemos que empezar a cultivar una relación con nuestro espíritu. Tenemos que entender que desde ese momento somos templo de Dios, y que ha venido a morar en nosotros su Espíritu Santo.

Eso es lo que sucede en el nuevo nacimiento, queda de tu parte ahora tener una morada digna del Espíritu Santo de Dios. En ese momento llegas a ser como un bebé espiritual, el cual necesita alimento básico de la palabra para llegar a crecer fuerte como un adulto el cual se alimenta de alimento sólido de la palabra. Lo bueno de este asunto es que Dios no espera a que tu *casa espiritual* esté terminada para después enviar su Espíritu, no, Dios envía su Espíritu y también te ayuda y dirige la obra de construcción de tu vida o *casa espiritual*.

Ahora tienes que aprender a dejarte guiar por el Espíritu y no por la carne. Es ahora cuando tu vida tiene que cambiar y debes mostrar esos cambios. La única manera de lograr esto es conectándote con lo espiritual, no dejándote llevar por tus sentimientos. Te preguntaras, ¿cómo lo voy a lograr?, ¿cómo puedo dirigir mi vida por el espíritu?

La Biblia no nos deja sin respuesta a esas preguntas, en su carta a los romanos, el Apóstol Pablo nos dice: **"Por lo tanto, hermanos, tomando en cuenta la misericordia de Dios, les ruego que cada uno de ustedes, en adoración espiritual, ofrezca su cuerpo como sacrificio vivo, santo y agradable a Dios. No se amolden al mundo actual, sino sean transformados mediante la renovación de su mente. Así podrán comprobar cuál es la voluntad de Dios, buena, agradable y perfecta." Romanos 12:1-2.**

Fíjate como nos habla de una renovación de nuestra mente, en la Biblia en Lenguaje Sencillo dice que **"cambien de manera de ser y de pensar"**. Entonces podemos entender que la clave para que nuestra vida sea guiada por el espíritu es cambiar nuestro pensar, aprender a ver las cosas como Dios las ve. Esto es parte del proceso de construcción de nuestra *casa espiritual* y a medida que entremos en más detalles podremos comprender mejor las palabras del Apóstol Pablo.

Al renovar tu mente, estas renovando tu alma y tu alma está en contacto tanto de tu carne o cuerpo como de tu espíritu. Una vez que tu alma es renovada, empezaras a darle más espacio a tu espíritu en tu vida y de darás cuenta como mientras más pasa el tiempo vas viendo las cosas como Dios las ve. Tomarás mejores decisiones en tu vida, tendrás más éxito en todo lo que emprendas porque le estas dando lugar a el espíritu que mora en ti. Es ahora cuando tu alma se convierte en una válvula que abre y deja que el espíritu se manifieste en lo físico. Cuando esto sucede llegamos a un nivel espiritual mucho más alto y es cuando se desatan los milagros y proezas que Jesús dijo que haríamos.

Es por eso que Dios es el administrador perfecto de nuestras vidas. Para ser exitosos en esta obra, tenemos que entregar todo a nuestro Padre celestial y pedirle a Él que nos ayude y dirija nuestra vida. Es la única manera en que andaremos por el camino correcto a la vez que construimos nuestra *casa espiritual*. Él, como Dios amoroso no quiere que nosotros destruyamos el templo espiritual el cual somos nosotros, pero nos advierte que si lo hacemos el mismo nos destruirá.

¿Porqué necesitamos una Casa Espiritual?

Cuando leemos la Biblia, desde el principio nos damos cuenta de que Dios es un Dios de orden. Todo lo hizo ordenadamente y con planes anticipados. En el tiempo de Noé, Él le dio instrucciones específicas de cómo construir el arca. También en los tiempos del pueblo de Israel, Él le dio a Moisés detalles muy claros y minuciosos en cuanto a cómo construir su templo y santuario. En el libro de 1 Reyes, especialmente en el capítulo 6, vemos como Salomón construyó el templo o la casa de Jehová. Cuando analizamos todos estos relatos vemos lo detallado y perfecto que Dios planeó estas construcciones como arquitecto y diseñador perfecto.

El relato de la construcción del Templo o la Casa de Jehová que Salomón construyó, nos da una revelación en cuanto a la personalidad de Dios y la manera que Él espera que nosotros construyamos nuestra *casa espiritual* o nuestra vida.

A medida que vayamos considerando las diferentes etapas de la construcción, vamos a examinar lo que hizo el Rey Salomón y lo que tipifica para nosotros hoy día. Una vez que Salomón terminó la construcción, Dios le dio condiciones a Salomón para que la presencia de Dios nunca se apartara de él.

Jehová le dijo a Salomón: **"Ya que estás construyendo este templo, quiero decirte que si andas según mis decretos, y obedeces mis leyes y todos mis mandamientos, yo cumpliré por medio de ti la promesa que le hice a tu padre David. Entonces viviré entre los israelitas, y no abandonaré a mi pueblo Israel." 1 Reyes 6:12-13.**

Es interesante notar que en los tiempos de Israel, la presencia de Dios moraba en aquellos templos que fueron construidos por manos humanas y es por eso que Dios exigía unos estándares tan altos de calidad. Hoy día, la misma presencia de Dios que moraba en estos templos, viene a morar en nosotros como templos vivos de Dios. Pero Dios no solamente exige calidad, también nos exige que sigamos sus mandamientos y andemos en ellos. De esta manera el cumplirá su palabra de nunca alejarse de nosotros y dejar que su presencia o su Espíritu Santo more en nosotros.

En los próximos capítulos veremos paso por paso la construcción de nuestra *casa espiritual* comparándola con la construcción de una casa física. Analizaremos la calidad con la que Salomón construyó el templo o casa de Dios y que significa eso para nuestras vidas.

Veremos como mantener nuestra casa digna de la presencia de Dios para de esa manera llevar una vida plena y disfrutar nuestra casa o vida espiritual. También voy a compartir contigo, a través de este libro, parte de mi testimonio y como yo he logrado hasta ahora la construcción de mi *casa espiritual.*

Capítulo 2
Plan de Construcción

Para comenzar nuestra construcción lo primero que tenemos que hacer es saber qué clase de casa queremos construir. Cuando construimos una casa física, nos sentamos a decidir cuán grande será nuestra casa, cuantos cuartos tendrá, que estilo tendrá, que colores, etc.

Tenemos que tomar serias decisiones porque no queremos construir una casa que después no nos guste y no estemos felices viviendo en ella. Una vez que decidimos como será nuestra casa, nos sentamos con un arquitecto, el cual plasma en papel nuestras ideas y a la misma vez por sus conocimientos nos dirige en el diseño de nuestra casa.

En este momento obtenemos una serie de planos los cuales especifican cada detalle de la casa que vamos a construir, desde el fundamento hasta el techo y terminaciones. Todo detalle esta allí plasmado para que no haya confusión por parte de ninguno de los que trabajen en nuestra casa. Una vez que tenemos estos planos, empezamos a analizar el costo de la casa.

Si esto es así, para la construcción de una casa física, cuanto más se aplican los mismos principios para la construcción de nuestra *casa espiritual.* Nuestra vida como cristianos exige de nosotros planificación, tenemos que comprender lo que significa estar en los caminos del Señor y el costo que esto requiere de nosotros.

Ahora bien, no quiero que se mal entienda este asunto, la salvación que Dios nos da por medio de Jesús, es gratis. Efesios 2:8-9 nos dice: **"Porque por gracia ustedes han sido salvados mediante la fe; esto no procede de ustedes, sino que es el regalo de Dios, no por obras, para que nadie se jacte."** Está bien claro que la salvación es un regalo de Dios, un regalo para todo aquel que cree en Jesús y lo acepta como su Señor y Salvador, reconoce que es pecador y se arrepiente de sus pecados.

Cuando menciono el costo de ser cristiano, no tiene que ver con tu salvación, pero si tiene que ver con qué clase de cristiano deseas ser. Llega un momento a la vida de todo cristiano en el que tenemos que tomar una decisión, tenemos que decidir si queremos ser cristianos mediocres, desinteresados y sin envolvernos de lleno en lo que Dios tiene para nosotros. O si queremos ser cristianos que hagan la diferencia en donde quiera que estén y están dispuestos a que su vida sea dirigida por Dios.

Es un tiempo de decisión, y es aquí cuando determinamos que clase de *casa espiritual* queremos ser, cuan grande queremos ser, cuantos cuartos queremos, de qué color nos vamos a mostrar, tenemos que decidir hasta si queremos una chimenea en nuestra casa espiritual la cual contenga el fuego del Espíritu Santo en nuestras vidas. Bueno, pero no me quiero adelantar a ese capítulo, solo te lo menciono para despertar tu curiosidad.

Un ejemplo de una persona a la cual no le importó el precio que tuvo que pagar por ser cristiano, fue el Apóstol Pablo. Me identifico mucho con el Apóstol Pablo por la manera en que fue escogido para su ministerio.

Desde mi nacimiento, estuve envuelto activamente en la religión de los Testigos de Jehová, fui adoctrinado desde niño a creer lo que la Sociedad de la Torre del Vigía enseñaba y desde niño aprendí a desarrollar amor por las Santas Escrituras. Mientras fui creciendo yo aceptaba aquello que se me enseñaba como lo correcto y mi vida estaba regida por el legalismo y las reglas de aquella religión. Yo no veía nada malo en aquello, eso fue lo que aprendí, era lo que mis padres practicaban y mi círculo de amigos y conocidos se basaba en miembros de los Testigos de Jehová.

A pesar de todas las presiones que recibía de mis compañeros de escuela, maestros y demás por no participar en sus fiestas o actividades, siempre con la excusa de que no podía porque yo era Testigo de Jehová y aquello o lo otro no le agradaba a Dios, a pesar de todo eso yo llevaba una vida tranquila y pensaba que llevaba una vida plena. Estaba haciendo lo que yo creía que era lo correcto y lo hacía con excelencia porque así me enseñaron.

No quiero convertir este libro en una crítica a la religión de los Testigos de Jehová, les tengo respeto y los amo como personas. De hecho quisieran que pudieran llegar al conocimiento exacto de la palabra, pero eso es tema para otro libro.

Al punto que quiero llegar es que yo, cuando era Testigo de Jehová, criticaba a los cristianos y toda otra religión, yo pensaba que nosotros éramos los únicos con la verdad y que no había salvación fuera de aquella religión. Yo tome muchas decisiones que aun hoy día afectan mi vida, aunque muchas de esas decisiones fueron influenciadas por mis padres, yo, en la práctica de la obediencia que tanto predicaba, decidí hacerlo así.

Decisiones tales como la de no estudiar en la universidad a pesar de ser un estudiante de honores, decisiones de dedicarme a predicar a tiempo completo casa por casa cuando salí de la escuela superior y trabajar a tiempo parcial en la oficina de mi padre. Llegué a ser muy hábil con la Biblia, mi anhelo era trabajar para la obra en todo lo que pudiera y daba discursos públicos en las congregaciones y asambleas, me entrené como un buen orador público.

Trabajé en muchas capacidades, en departamentos de sonido, prensa, preparación de reuniones, etc. Yo seguía el ejemplo de mi padre, el cual llegó a ser un anciano muy prominente en la isla de Puerto Rico.

Pero llegó un momento en el cual decidí formar mi propia familia y para mí el matrimonio fue como un escape del dominio de mis padres en mi vida. No me quejo de mis padres, porque nunca nos faltó nada y nunca hubo una situación de abuso en mi vida. El control que existía, era un control religioso.

Pero bien, me casé en el año del 1990 y me di con la realidad de mantener una familia. Ya lo que me ganaba trabajando con mi padre no daba para mí y para mi esposa, y es en ese momento que tuve que buscar trabajo secular. Ahora me encontraba yo sin preparación académica buscando trabajo, llegué a trabajar de noche en una factoría, trabajé en gasolineras de noche, terminé hasta trabajando de cobrador para una financiera.

En ese momento mi vida religiosa se empezó a afectar y ya no asistía como antes ni predicaba con el anhelo de antes. Me sentía culpable por mi situación, yo no me daba cuenta de que lo que estaba pasando era por causa de mis decisiones pasadas, empecé a culparme por mi situación y a culpar a mis padres por aquellas decisiones que se tomaron. La relación entre mis padres y yo sé afecto mucho hasta el punto de que la comunicación era mínima, por causa de conflictos matrimoniales y ahora más que teníamos un hijo.

En el 1993, tomé la decisión de mudarme al estado de Massachusetts con mi familia, allí empecé a prosperar materialmente, pero ya no tenía interés por la religión. Aunque seguía creyendo que era la verdad y no había salvación fuera de ella, pero ya no tenía amor por seguir en aquel camino.

El 31 de diciembre del 1995, mi primera esposa decidió volver a Puerto Rico porque ella extrañaba a su familia y se llevó a mi hijo con ella. Yo me quedé en Massachusetts y aquella misma noche tome la decisión de romper nuestro matrimonio por medio de cometer adulterio. Decidí que me iba a ir a gozar del mundo y todo lo que el mundo ofrecía, todo lo que no pude disfrutar cuando era Testigo de Jehová, y así lo hice.

Gracias le doy a Dios que puso una mujer en mi camino, que aunque en aquel momento yo no lo entendía, pero Dios tenía un plan para mi vida, y en lo único que no me dejó caer fue en la promiscuidad sexual. Conocí a la que hoy día es mi querida y amada esposa, Rosemarie, y hasta el día de hoy estamos felizmente casados gracias a la misericordia de Dios.

Pero no todo fue color de rosa en nuestra relación, yo la hice sufrir mucho por un periodo de 9 años en los cuales yo me gozaba del mundo y no quería saber nada de Dios. Mi dios era el dinero y lo que yo pudiera obtener con mi dinero. Pero en mi vida había un vacío el cual yo trataba de llenar con el alcohol, con los falsos amigos, con las cosas materiales que tenía. No me daba cuenta que estaba destruyendo el templo de Dios, no me daba cuenta que estaba destruyendo mi vida, pero por otro lado eso era lo que yo quería, quería destruirme.

Es importante que conozcan esta parte de mi vida para que puedan entender el proceso de transformación que ocurrió en mi persona y porque me identifico tanto con el Apóstol Pablo.

En el año del 2003, en el mes de marzo, tuve un accidente cuando venía de camino de terminar una inspección de una casa. Resulta que hubo una tormenta invernal y la carretera tenía hielo, mi vehículo, aunque era tipo todo-terreno 4 x 4, perdió el control y fue a dar con un árbol, después dio vueltas y paró. No hubo nadie más envuelto en el accidente sino yo, en aquel momento veía mi vida pasar como una película ante mis ojos.

Me di cuenta de cuan preciosa es la vida a pesar de las dificultades, pero no cambié mi manera de vivir inmediatamente. La primera decisión que tomamos fue de mudarnos al estado de la Florida. Era allí donde Dios tenía un plan para mi vida, aunque yo no lo sabía. Llegamos en el mes de Agosto del 2003 a la Florida, yo tenía un trabajo en lo mismo que hacía en Massachusetts con la diferencia que tenía los fines de semana libres.

Dios empezó a acomodar hasta mi tiempo. Resulta que mi esposa tiene un primo que es cristiano, de hecho él vivía en Massachusetts, pero nunca habíamos tenido comunicación con ellos allá. En la Florida estaban varios tíos de mi esposa y yo decidí hacer una fiesta de navidad en mi casa e invitarlos a todos.

En aquel tiempo el primo de mi esposa estaba en la Florida buscando donde mudarse porque su compañía lo estaba trasladando a trabajar allá.

Nosotros no conocíamos del asunto pero uno de los tíos de mi esposa nos llamó a preguntarnos si lo podía invitar y nosotros accedimos.

El nombre de este primo es Raymond y su esposa Johanna, ellos llegaron a nuestra casa y de inmediato pude percibir que en ellos había algo diferente. Ellos compartieron con nosotros sin importarle si estaba borracho, no me juzgaron, tenían un gozo y una felicidad a pesar de no participar y hacer lo que hacíamos nosotros.

Después de esta ocasión ellos se mudaron a un pueblo que quedaba como a una hora de distancia, pero empezamos una amistad muy bonita. Ahora ellos me cuentan, que aquella noche que llegaron a mi casa, Dios puso una inquietud en sus vidas por nosotros y ellos empezaron a orar por nuestra familia y nuestra casa, es así como Dios empezó a obrar en mi vida y poner las cosas en orden como un rompecabezas.

A finales del año 2004 yo caí en una depresión extrema pero nadie se daba cuenta sino yo. La situación económica estaba mal y estábamos pasando por diferentes dificultades, hasta el punto que yo decidí quitarme la vida, pero decidí esperar a que pasaran las navidades y en el mes de enero me llegué a estacionar en una tienda de armas para comprar una pistola y pegarme un tiro. Pero no pude entrar, esa noche cuando llegué a mi casa y nos acostamos, decidí hacer algo que no había hecho por 9 años, decidí orar.

Sí, decidí re-establecer mi comunicación con Dios, en aquel momento era mi última salida. Y me dije a mi mismo, "como si Dios me fuera a escuchar, después de tanto tiempo y en la condición en que estoy", pero a pesar de la duda lo hice. Y hable con mi Padre celestial, y le dije, "Dios, si tú verdaderamente existes, sácame de esta situación, perdóname por no haber hablado contigo por tanto tiempo, toma el control y muéstrame que tu verdaderamente te interesas en mí, muéstrame la salida." Y me quede allí, llorando por la situación en que me encontraba.

No pasó nada extraordinario, no se crean que cayeron rayos del cielo y escuché una voz que me hablaba, yo pensaba que eso podía ocurrir, pero no, Dios ya tenía todo en su lugar, Él tenía todo planeado para que mi vida fuera restaurada.

El siguiente día, tuve hambre de su palabra, varios años atrás mi primo Joey había sembrado la semilla de la palabra en mí, y me había regalado un Biblia, versión Reina Valera con una dedicatoria que decía: **"Tito: Para ti con mucho amor de tu primo. Que a través de la Palabra de Dios, conozcas cada día más el carácter de Dios y el amor de Jesús por su pueblo. En Cristo, Joey."**

Todavía guardo aquella Biblia, y empecé a leer la Palabra y a comparar Biblias y recibí revelación de la Palabra que nunca antes había visto. Y empecé a analizar la religión de los testigos de Jehová a través de las escrituras y llegué al convencimiento que ni la religión, ni ningún esfuerzo de mi parte, podía salvarme, solo si aceptaba el Sacrificio de Jesús podría obtener mi salvación.

No voy a entrar en polémicas acerca de sus doctrinas, en mi próximo libro voy a considerar esos temas. Lo que quiero que vean es como Dios acomoda todas las cosas para el bienestar de los que le aman y buscan. Él es nuestro Arquitecto Perfecto para la construcción de nuestra *casa espiritual*.

Bueno, y ¿qué paso después de esto?, para acortar la historia, debido a la amistad que desarrollamos con Raymond y Johanna, nos reuníamos frecuentemente a comer en mi casa. Ellos tenían que viajar a nuestro pueblo para asistir a la Iglesia Cristiana Fuente de Salvación, que está localizada en Kissimmee, FL.

En una ocasión yo le dije a mi esposa que los invitara a comer el domingo, para que después que ellos salieran de la Iglesia vinieran a la casa, Raymond aprovechó la invitación y le dijo a mi esposa que porque no íbamos con ellos a la iglesia y después nos reuníamos a comer, aun recuerdo la cara que puso mi esposa para preguntarme pues ella sabía que yo había sido testigo de Jehová y que no tenía ningún interés por las cosas de Dios, pero no dudé y le dije que sí.

Fue así como llegamos a la Iglesia Fuente de Salvación, localizada en la ciudad de Kissimmee, FL, y pastoreada en aquel tiempo por el Apóstol Pablo Fernández y su esposa Bernarda Fernández.

El primer domingo fue una guerra mental para mí, yo no podía entender lo que Dios quería hacer en mi vida, y no acepté a Jesús aquel domingo. Esa semana fue dura porque yo sabía que Dios estaba allí y que quería hacer algo conmigo, pero mi conocimiento religioso no me dejaba aceptarlo. No quiero abundar mucho en este hecho porque voy a estar hablando de eso más adelante en el libro.

El segundo domingo que fui a la Iglesia, acepté a Jesús y reconocí que soy un pecador y me arrepentí de mis pecados y Dios me perdonó, recibí la salvación de parte de Dios. Desde aquel momento todo empezó a cambiar en mi vida y le doy gracias a Dios que hasta el día de hoy Cristo nunca me ha dejado solo en este camino.

Ahora el proceso de construcción de mi *casa espiritual* había empezado. Era mi tiempo de decidir qué clase de cristiano yo quería ser. ¿Me iba a sentar calladamente todos los domingos a solamente escuchar de la palabra sin ninguna actuación de mi parte? ¿Me iba a convertir en uno más del grupo de los mediocres, de los que no se involucran? O ¿Me convertiría en un cristiano de poder, de los que hacen la diferencia, de los que están dispuestos a pagar un precio?

Es ahora cuando tienes que decidir qué clase de templo vas a ser. Yo tomé la decisión de ser un cristiano de poder, de hacer la diferencia y que lo que hiciera lo iba a hacer con excelencia. Pero esto requiere un precio, porque el enemigo, Satanás, no se agrada cuando a los caminos del Señor vienen personas dispuestas a darlo todo por Dios.

¿Porqué hablé del Apóstol Pablo anteriormente, diciendo que me identifico con él? Uno de los problemas más grandes que tuve que superar cuando me convertí, fue el rencor por el pasado. Yo le reclamaba a Dios el porqué me dejo estar por 25 años en la religión de los testigos de Jehová, le reclamaba el porqué no me trajo antes a los caminos del

Señor y me dejo trabajar tanto y perder mi tiempo pensando que estaba en lo correcto.

Mientras yo le reclamaba esto a Dios, Él ponía en mi corazón que todo lo que yo había pasado era parte de mi proceso de construcción y que Él me había preparado con excelencia para mi ministerio.

En aquellos días mientras yo le reclamaba a Dios, recibí una palabra de parte de la Pastora Bernarda Fernández y ella me decía que "así como Saulo de Tarso el cual perseguía a los cristianos fue escogido por Dios para ser apóstol y seguidor de Jesús, así Dios me estaba escogiendo a mí."

La razón por la que Dios escogió a Saulo de Tarso era porque él hacia su trabajo con excelencia, él perseguía a los cristianos pero lo hacía con excelencia porque era lo que él creía que era correcto, de la misma manera cuando fue escogido y llegó a ser el Apóstol Pablo, se dedico a Jesús y a su evangelio, fue un Apóstol que hizo su trabajo con excelencia.

Si alguien dice que para ser cristiano no hay que pagar un precio, es que no ha leído la historia del Apóstol Pablo. Pablo fue un hombre completamente dedicado a la obra de evangelizar sin importar las dificultades que enfrentó.

En varias ocasiones estuvo preso por predicar a Cristo, fue golpeado y maltratado por causa del evangelio. Pero el Apóstol Pablo se gozaba en cualquier situación, en una ocasión cuando estaba preso con Silas y estaban encadenados, se pusieron a alabar a Dios. No lo hicieron para que pasara nada, ellos no sabían que iba a suceder un terremoto que rompería sus cadenas, lo hicieron por el gozo que tenían, sin ningún interés de recibir nada de Dios en aquel momento.

Tan es así, que cuando se rompieron las cadenas, ellos no se fueron, se quedaron allí y por causa de su comportamiento el carcelero y toda su familia se salvaron. Pablo y Silas no sabían el secreto que sabemos nosotros hoy día, que la alabanza a Dios abre las ventanas de los cielos para recibir bendición, ellos lo hicieron por el gozo que tenían de ser cristianos activos y haciendo una diferencia en sus tiempos. En la Biblia podemos leer de sus viajes y cartas a las congregaciones que se establecieron gracias a su anhelo de predicar el evangelio.

Pablo dijo: **"Porque para mí el vivir es Cristo y el morir es ganancia. Ahora bien, si seguir viviendo en este mundo representa para mí un trabajo fructífero, ¿qué escogeré? ¡No lo sé! Me siento presionado por dos posibilidades: deseo partir y estar con Cristo, que es muchísimo mejor, pero por el bien de ustedes es preferible que yo permanezca en este mundo." Filipenses 1:21-24.**

Que palabras tan poderosas, a Pablo cuando le decían que lo iban a matar, se alegraba porque vería a Cristo y cuando lo veían que se alegraba por esto le decían que lo iban a dejar libre y él se alegraba también porque podría estar más tiempo predicando el evangelio de Cristo. Ya no sabían qué hacer con Pablo, no había manera de quitarle el gozo de su Señor.

Ahora te pregunto, ¿puedes decir tú como dijo Pablo? ¿Puedes identificarte como un cristiano que quiere hacer la diferencia en su vida, en tu familia, en tu trabajo, en tu comunidad o hasta en tu ciudad? Porque si verdaderamente esto es lo quieres hacer, entonces hay que pagar el precio, así como lo hizo el Apóstol Pablo.

Es el momento de decidir, como lo hice yo, que clase de *casa o templo espiritual* voy a ser. Es tiempo de empezar a planear la construcción de tu vida y reconocer si somos dignos de que el Espíritu Santo de Dios more en nosotros.

Como dije antes, construir una casa requiere de una serie de planos o instrucciones para que no demos cabida a ninguna confusión en la construcción. Dios, como nuestro Arquitecto Perfecto nos ha proporcionado su palabra como una guía en la construcción de nuestras vidas.

También necesitamos los permisos de construcción, estos permisos los obtenemos de parte de Jesús, una vez que lo aceptamos en nuestro corazón y le damos nosotros el permiso al Espíritu Santo de Dios de obrar en nuestras vidas.

La construcción de nuestra *casa espiritual* es como una sociedad entre Dios y nosotros, ambos en conjunto realizamos la obra, nosotros no podemos sin Dios, y Dios no puede hacerlo si nosotros no le dejamos. Una vez que tomemos la decisión de construir nuestra *casa espiritual*, Dios comenzará la obra en nuestras vidas y la terminará.

De hecho el Apóstol Pablo también nos dice: **"Estoy convencido de esto: el que comenzó tan buena obra en ustedes la irá perfeccionando hasta el día de Cristo Jesús." Filipenses 1:6.** Esas palabras de Pablo nos dan buenas noticias, no estamos solos dirigiendo la obra de construcción de nuestras vidas porque Dios es el que comenzó la obra y el nos va perfeccionando hasta que llegue ese glorioso día en el que estemos con Jesús.

Muchos cristianos no han querido pagar el precio de ser cristianos involucrados en el ministerio, sin entender que es la única manera de desatar bendiciones hasta que sobre y abunden en su vida. Dios recompensa a sus hijos, y aún mas a los que están dispuestos a construir una *casa espiritual* con excelencia, así como el templo que construyó Salomón. Salomón utilizo los mejores materiales de su tiempo, y el diseño de aquel templo fue algo tremendo. Vamos a estar considerando algunos detalles de aquella construcción, para que podamos aplicarlo a nuestras vidas.

Me imagino que ya estás preparado o preparada para empezar tu construcción. Así que coge tus planos y permisos, pídele a Dios en este momento que abra tu mente y te de discernimiento para así poder empezar la obra en tu vida.

Dile a Dios que clase de *templo* quieres ser y que el dirija la construcción de tu vida para así poder ser digno de recibir su Santo Espíritu. Nunca te arrepentirás de haber tomado esta decisión, te lo aseguro. Vamos juntos a ver cómo construir tu *casa espiritual.*

Capítulo 3
Escogiendo el Terreno

Un año después de haber recibido esta palabra de parte de Dios, tuve la oportunidad de predicar acerca de este mensaje en la Iglesia en la cual asisto, Ministerios Ríos de Vida, localizada en San Antonio, TX y pastoreada por los Pastores Saúl e Ivette Lorenzana.

Me acuerdo cuando el Pastor me dijo que diera la palabra aquella semana, inmediatamente vino a mi corazón el hablar acerca de construir nuestra *casa espiritual.* Después de establecer el hecho de lo que somos como cristianos, así como he hecho al principio de este libro, le hice una pregunta a los presentes. Le pregunte: ¿Qué es lo primero que hacemos para construir una casa? ¿Cuál es el primer paso en la construcción?

Unos dijeron que lo primero era sacar los permisos, otros dijeron que lo primero eran los planos. En aquel tiempo estábamos en construcción del templo, se estaba expandiendo para obtener más espacio para las clases de los niños, y estaba bien fresco en la mente de los presentes todos los procesos necesarios para poder realizar aquella construcción.

Pero yo les expliqué que me refería al primer paso de la construcción física de la casa, una vez que ya teníamos permisos y planos. Fue interesante escuchar la respuesta de la mayoría, unánimemente todos llegaron a la conclusión de que lo primero que teníamos que hacer era construir el fundamento, estaban todos muy convencidos de esto. De hecho me acuerdo que le pregunte directamente a Raymond, el primo de mi esposa y también me dijo que lo primero era construir el fundamento. Hasta les di la oportunidad de cambiar de opinión, pero estaban muy seguros de su respuesta.

Bueno, lo más probable es que tú también me digas que sí, que lo primero es el fundamento porque es lo que sostiene la casa. No te preocupes, yo también pensaba que lo primero era el fundamento, tiene lógica. Pero cuando me puse a analizar la palabra del Señor, me di cuenta que había un paso antes de construir el fundamento, el Señor me ponía en mi corazón que indagara más profundo en este tema.

Fue entonces que analicé las palabras de Jesús, registradas en el evangelio según Mateo, Jesús dijo: **"Por tanto, todo el que me oye estas palabras y las pone en práctica es como un hombre prudente que construyó su casa sobre la roca. Cayeron las lluvias, crecieron los ríos, y soplaron los vientos y azotaron aquella casa; con todo, la casa no se derrumbó porque estaba cimentada sobre la roca. Pero todo el que me oye estas palabras y no las pone en práctica es como un hombre insensato que construyó su casa sobre la arena. Cayeron las lluvias, crecieron los ríos, y soplaron los vientos y azotaron aquella casa, y esta se derrumbó, y grande fue su ruina." Mateo 7:24-27.**

En estas palabras de Jesús, existe una revelación tan poderosa, relacionada con el tema que estamos tratando. Pero el Señor no nos deja así, sin revelar su palabra. En aquel momento que leía este relato, le pedí al Señor que me diera el rhema o la revelación de su palabra y como aplicaba esto a la construcción de mi *casa espiritual.*

Él ponía en mi corazón el que investigara acerca de esta palabra y eso fue lo que hice. Inmediatamente busque el Código de Construcción y me di cuenta de que antes de empezar a construir nuestra casa tenemos que ver en qué clase de terreno estamos construyendo.

En el Código de Construcción, se identifican un total de 5 diferentes clases de terrenos de los cuales existen un total de 19 sub-categorías de terrenos, estos van desde roca o piedra muy estable hasta la arena, y cada uno de estos terrenos tienen especificaciones diferentes las cuales se han realizado por estudios geológicos y de ingeniería.

Estas especificaciones describen las cualidades del terreno, su comportamiento bajo presión y como construir en cada uno de ellos. Pero ahora viene la sorpresa, hay un terreno el cual se trata aparte de los otros, de hecho tiene una sección aparte y no hay especificaciones definidas para este terreno. Es el Terreno Expansivo, es un tipo de terreno el cual no se encuentra en todas partes, es muy común en la parte sur de la nación de Estados Unidos y muy común en el área donde yo vivo, en San Antonio, Texas.

Ahora te estarás preguntando a donde quiero llegar con esta información, y es aquí cuando llegamos a lo que Jesús quiso decir con aquel relato. Vuelve y lee lo que Jesús dijo en Mateo 7:24-27, es interesante que te des cuenta de que ambos hombres construyeron una casa y por consiguiente tuvieron que haber construido un fundamento para sostener las paredes y el techo de aquellas casas.

Pero el problema no fue el fundamento de la casa, el problema fue el ***terreno donde construyeron, el terreno donde pusieron el fundamento.*** El hombre que escogió construir su casa sobre la roca no tuvo problemas cuando vino la tormenta, su casa estaba sobre un terreno estable, pero el que construyó en la arena lo perdió todo, porque lo más probable es cuando vinieron las lluvias, las corrientes de agua socavaron su terreno poniendo al descubierto el fundamento y de esa manera no tuvo estabilidad y perdió su casa.

Como inspector de casas me puedo imaginar cómo fue que sucedió, porque he tenido que ver ese tipo de problema personalmente. Recientemente pudimos ver en las noticias como se perdieron tantos hogares debido a la fuerza destructora de los huracanes en las costas de Louisiana y Texas. Se nos mostraba en las noticias como el agua penetraba hasta remover por completo el terreno y por consiguiente las casas colapsaban por no tener una base para el fundamento.

Pero Jesús solo habló de la roca y la arena, Él no mencionó ningún otro tipo de terreno y la razón por la cual Jesús hizo esto es porque esa era la condición local de la cual conocían la gente a la que Él le estaba hablando.

Cuando estaba recibiendo esta palabra, el Señor puso en mi mente la situación del Terreno Expansivo y me decía que **"así como construyen sus casas físicas, de la misma manera muchos están construyendo su casa espiritual."**

Ahora, ¿porqué traigo a colación el Terreno Expansivo? El Terreno Expansivo tiene una característica única y es que se expande o aumenta de tamaño cuando se somete a contacto con agua y se encoje o se reduce de tamaño cuando se seca, cambiando así su textura y composición, causando grandes daños al fundamento y por consiguiente a las paredes y a toda la estructura de una casa.

De hecho les digo, que cuando llegué a San Antonio, me sorprendí al ver la cantidad de compañías que existen para hacer reparaciones de fundamentos. Tan problemático es este terreno que requiere de sistemas de ingeniería, diseñados para cada caso individual, para poder lidiar con la construcción y reparaciones en este tipo de terreno.

Las reparaciones a una casa que tiene problemas de terreno expansivo son muy costosas y casi nunca se resuelve el problema de una vez o totalmente, lamentablemente muchas personas han perdido sus casas o han tenido que lidiar con este problema constantemente.

Es por eso la importancia de determinar en qué terreno se va a construir para resolver el problema antes de empezar nuestra casa y no esperar a que sea muy tarde y arriesgarnos a perderla.

Fue así que me puse a analizar la relación que existe entre el terreno expansivo y la manera en que muchos están construyendo su *casa espiritual*. Como pueden ver, este terreno es muy inestable y sufre de cambios constantes los cuales son influenciados por factores externos como lo son la humedad o la sequedad extrema.

Es aquí donde surge la urgencia de escribir acerca de este tema, porque muchos de nosotros no hemos analizado en qué clase de terreno estamos construyendo nuestra vida la cual es el templo o la casa del Espíritu Santo de Dios.

¿Qué es el terreno espiritual?

El *terreno espiritual* esta directamente conectado con tu alma, es algo a lo cual tienes acceso y puedes controlar. Para poder identificar en qué clase de terreno estamos construyendo nuestra vida o nuestra *casa espiritual,* tenemos que saber a que nos referimos cuando hablamos del terreno espiritual.

El *terreno* en el sentido espiritual se refiere primeramente a tus experiencias vividas desde que naciste hasta el presente, sean buenas o malas. Es lo que ha formado a la persona que eres, tus miedos, tus dudas, tus aventuras, tus retos, tus logros, tus estudios, tus derrotas y fracasos, tus decepciones, tus pecados, tus vicios, tu religiosidad o la falta de ella, tus rencores y la falta de perdón o el amor que siempre has mostrado sin importar el mal que te hagan, tus sueños y metas.

Es lo que te ha moldeado a ser lo que eres hoy. En esto podemos incluir cosas positivas y negativas, es todo lo que has vivido hasta este momento. En otras palabras, el terreno es lo que te define como persona y en lo que tu vida se ha basado hasta este momento.

Todos nosotros a través de nuestra vida hemos tenido experiencias las cuales nos han moldeado a ser lo que somos hoy día. Entre estas experiencias tenemos que incluir las cosas buenas o positivas y las cosas malas o negativas, porque ambas han tenido un impacto en nuestra vida aunque no nos demos cuenta.

Aún situaciones de nuestra niñez, de las cuales ni siquiera nos acordamos, son situaciones que han creado lo que somos hoy. Estas experiencias y conocimientos adquiridos a través de nuestro caminar aquí en la Tierra, también determinan nuestras actitudes y nuestra manera de responder ante adversidades. Son el terreno sobre el cual construimos nuestra vida y cuando llegamos a los caminos del Señor, es el terreno donde construimos nuestra *casa espiritual.*

Una vez que entendemos el concepto de lo que significa el terreno en nuestra vida, entonces tenemos que decidir en que clase de terreno queremos seguir construyendo nuestra vida, especialmente cuando venimos a los caminos del Señor.

Esto es así, porque cuando venimos a Cristo tenemos que estar dispuestos a desechar nuestra vieja personalidad y decir como dijo el Apóstol Pablo en Gálatas 2:20, **"He sido crucificado con Cristo, y ya no vivo yo sino que Cristo vive en mí. Lo que ahora vivo en el cuerpo, lo vivo por la fe en el Hijo de Dios, quien me amo y dio su vida por mí."**

Sí, así como le expresa el Apóstol Pablo, así tenemos que también nosotros comprender que una vez entregamos nuestra vida a Cristo, ya no vivimos nosotros sino que Cristo vive en nosotros. Lo que eso quiere decir que ya no podemos dirigir nuestra vida por las cosas de la carne o en otras palabras lo que vemos y experimentamos físicamente, tenemos que dirigir nuestra vida por el espíritu, por las cosas que no vemos pero que sí creemos por fe.

Llegar a ese nivel de fe no es fácil ni tampoco un cambio inmediato, requiere tiempo y es un proceso el cual eventualmente nos llevara a tener un terreno firme sobre el cual seguir construyendo nuestra vida o *casa espiritual.* Fíjate que el Apóstol Pablo dice que lo que él estaba viviendo en el cuerpo en aquel momento, lo estaba viviendo por la fe en Cristo.

Que palabras tan poderosas, que lindo seria que nosotros pudiéramos decir lo mismo y sí podemos pero entrando en un nivel de fe aun mayor del que estamos ahora.

Lo primero que tenemos que hacer es identificar el terreno o los terrenos que nos están afectando o nos están paralizando en nuestra carrera por la vida eterna con Cristo. La importancia de identificar estos terrenos es para poder trabajar en ellos directamente y removerlos de nuestra vida.

Cuando analizamos la parábola de Jesús acerca de los dos hombres que construyeron su casa, uno en la roca y otro en la arena, vemos que Jesús describe una tormenta que azotó ambas casas. Cuando Jesús habla de esta tormenta se refiere a los problemas y pruebas que todos nosotros tenemos que afrontar en nuestra vida, en el caso de los cristianos esta tormenta también se refiere a los ataques de Satanás.

Es aquí donde vemos la importancia de saber qué clase de terreno somos, porque queremos estar firmes cuando vengan los problemas y pruebas que tenemos que enfrentar. Tenemos que ser sinceros con nosotros mismos y reconocer las áreas débiles de nuestra vida, no importa el tiempo que llevemos en los caminos del Señor, si estas empezando tu vida como cristiano este libro ha llegado a ti en un momento preciso en el cual si decides utilizar esta información, tu vida como cristiano será una vida llena de victorias y logros exitosos, has llegado en el momento preciso.

Si llevas muchos o varios años en tu vida cristiana, no te preocupes porque todavía tienes tiempo de reparar tu terreno espiritual y verás como de ahora en adelante tu vida cambiará de una manera que no te imaginas, porque subirás a un nivel espiritual mayor en el cual los elementos externos de este mundo no podrán afectarte ni te debilitaran.

Hay muchos terrenos malos o inestables que afectan nuestra vida, no podría abundar en información acerca de cada uno de ellos, pero voy a discutir varios de los terrenos que afectan al pueblo de Dios en estos tiempos.

Terreno #1: Falta de Perdón o Rencor

Hay muchas situaciones y experiencias que podríamos catalogar como terreno expansivo o inestable en nuestra vida. No tendría suficiente espacio en este libro para hablar de cada uno de ellos. Pero quiero mencionar algunos de ellos los cuales considero que están afectando al pueblo de Dios en gran manera.

Uno de los problemas o terrenos que tenemos que identificar y sacar de nuestra vida es **la falta de perdón o el rencor**, este es un terreno sobre el cual muchos han construido su vida como cristianos, y cada vez que el enemigo los ataca en esta área caen de la carrera y muchos no se han levantado.

Hay mucho de qué hablar acerca de la falta de perdón, podríamos escribir un libro solamente para este tema y se ha hablado y predicado mucho sobre esta tema. Entonces, ¿porqué seguimos con este problema? ¿Porqué no hemos reconocido el daño que esto hace en nuestras vidas? ¿Porqué no le hemos visto como algo que tenemos que arrancar de nuestro corazón? Así como cuando vamos a construir una casa y nos encontramos con terreno malo, rápidamente buscamos una excavadora hidráulica (digger) para sacarlo de allí y llevarlo lejos para desecharlo, así también tenemos que hacer con la falta de perdón.

En este caso tenemos que llamar a la excavadora perfecta del Espíritu Santo de Dios y pedirle sinceramente y reconocer la necesidad que tenemos ante Dios de sacar esto de nuestras vidas, solo así podremos construir en terreno sólido.

Yo no quiero abundar mucho en este tema, pero sí me propuse exponer lo necesario para traer consciencia acerca de lo mucho que esto nos afecta. Me gustaría que tan pronto puedas, si es posible ahora mismo, pongas este libro a un lado y busques tu Biblia, ve a Mateo capitulo 18, y lee los versículos del 21 al 35.

Allí Jesús cuenta una parábola, su manera preferida de enseñar, y esta parábola se conoce como la Parábola del Siervo Despiadado. Resumiendo, en caso de que no tengas tu Biblia a la mano, la parábola viene como resultado de una pregunta que le hizo Pedro a Jesús, Pedro dijo: **"Señor, ¿Cuántas veces tengo que perdonar a mi hermano que peca contra mí? ¿Hasta siete veces?"**.

Es interesante que Pedro no solo pregunte cuál es la cantidad de veces que debe perdonar, pero en forma de pregunta también trata de contestarse a sí mismo en vez de esperar la respuesta de Jesús.

¿Cuántos de nosotros no hemos hecho eso también? Quizás vamos a preguntar algo o pedir un consejo a otra persona de más experiencia o hasta a nuestro Pastor, pero vamos con la respuesta pre-determinada.

Eso fue lo que hizo Pedro, él quería que Jesús le contestara o reafirmara lo que él ya creía que era correcto, perdonar solamente siete veces, el cual es un numero fácil de contar, pero pregunto yo, y después de siete veces, ¿Qué vamos a hacer?

Aquí Jesús nos da una lección poderosa, no solo en cuanto al perdonar sino también que cuando vamos a Él en busca de dirección, no vayamos con una decisión pre-determinada sino que dejemos que Él nos muestre o revele su voluntad y así demostraremos que realmente estamos buscando su dirección.

Pero bueno, ahora Jesús se la pone difícil a Pedro porque le cambia sus preceptos e ideas en cuanto al perdón, y aquí entramos en un poco de confusión la cual se ha hecho por la manera como se ha traducido el siguiente texto en diferentes Biblias.

Unas dicen que Mateo 18:22 dice: "setenta y siete veces", otras dicen: "setenta veces siete" lo cual seria 490 veces, pero no importa la cantidad de veces, tenemos que entender que era lo que Jesús quería transmitir con lo que estaba diciendo.

Es por eso que me gusta como lo traduce la Biblia en Lenguaje Sencillo, más claro no puede estar, dice así: **"No basta con perdonar al hermano sólo siete veces. Hay que perdonarlo *una y otra vez; es decir, siempre.*" (BLS)** *(énfasis mío).*

Ese es el mensaje que Jesús quiso transmitir, que no contáramos las veces que nos ofenden y perdonamos, sino que no llevemos cuenta, y

Él lo hizo por medio de poner un número el cual nadie va a acordarse de cuantas veces perdonó. Pero me gusta aclarar esto, porque no dudo que haya alguien con una libreta apuntando y llevando cuenta de cuantas veces ha perdonado, espero que no sea así.

Después, Jesús nos relata la historia de un siervo el cual tenía una deuda muy grande con su rey. Cuando el rey lo mando a llamar para ajustar cuentas, este siervo clamo por misericordia y su deuda se le perdonó. Al salir de delante de la presencia del rey, se encuentra con un compañero de trabajo el cual le debía a él, pero una cantidad mínima comparada con la deuda que a él se le había perdonado, y aun cuando su compañero suplicó por misericordia diciéndole que tuviera paciencia y él le pagaría, fíjate que ni siquiera le estaba pidiendo que le perdonara la deuda, aun así lo mando a meter en prisión hasta que pagara la deuda.

Pero los que vieron lo que ocurrió fueron donde el rey y le contaron lo sucedido, y el rey mandó a llamarlo y su castigo fue mayor por no haber perdonado una deuda mínima comparada con la que a él le habían perdonado. Este relato nos debe poner a meditar muy profundo en este asunto de la falta de perdón, Jesús comenzó esta parábola diciendo que: "el reino de los cielos se parece a . . ." y cuenta la parábola. En el versículo 35 dice: **"Así también mi Padre celestial los tratará a ustedes, a menos que cada uno *perdone de corazón a su hermano*."** *(énfasis mío)*

Este rey, tipifica nada más y nada menos que a nuestro maravilloso Padre celestial, Dios mismo, los siervos somos nosotros y así como Dios nos ha perdonado tanto a nosotros, también él espera que nosotros hagamos lo mismo con nuestro prójimo.

Nada de lo que te puedan hacer a ti, se compara con las cosas que Dios te ha perdonado o está dispuesto a perdonarte si vienes a sus pies arrepentido y clamando misericordia, reconociendo que eres un pecador y aceptando a Jesús como tu redentor y salvador.

Tanto es el amor que Dios tiene por ti que en Juan 3:16 dice: **"Porque tanto amó Dios al mundo, que dio a su Hijo unigénito, para que todo**

el que cree en él no se pierda, sino que tenga vida eterna." Así es, Dios no solo está dispuesto a perdonarte sino que también proveyó la salida de tu vida pecaminosa por medio de dar a su Hijo unigénito para que muriera por nosotros y cargara con todos nuestros pecados.

Entonces si nosotros entendemos este gran amor, ¿porqué no podemos nosotros perdonar cualquier cosa que nos hagan? No vale la pena perder la aprobación de Dios solamente por el hecho de que no queremos perdonar y guardamos rencor. Ese famoso dicho: "yo perdono, pero no olvido", que error más grande y así hay muchos atados a esta palabra porque lo han dicho y declarado.

Quizás estarás pensando que no es fácil primeramente reconocer este terreno en nuestras vidas y segundo sacarlo de raíz de nuestras vidas. Yo sé que no es fácil ni lo podemos hacer con nuestras propias fuerzas o conocimiento.

Muchas veces nuestro orgullo no nos permite reconocer en que estamos fallando, aunque veamos claramente que tenemos un problema. Otras veces tenemos un rencor por algo que quizás ni recordemos pero en un momento de nuestras vidas nos causó daño y lo que hicimos fue como bloquearlo en nuestros recuerdos pero está ahí muy guardadito causándonos daño y atándonos a una vida sin progreso. Pero no te preocupes, no estás solo o sola con este problema, muchos ya hemos pasado y estamos pasando por ese proceso de reconciliación con nosotros mismos y con Dios.

Recuerda que en todo paso que des, Dios está contigo guiando tu vida. Yo lo pude ver así, en mi caso cuando yo vine a los caminos del Señor, yo me decidí a servirle a Dios de todo corazón. Pero en cierto momento me di cuenta de que había algo que me estaba aguantando, no solo en crecer espiritualmente, sino también estaba aguantando mi bendición.

Cuando reconocemos esto, lo mejor que podemos hacer es dirigirnos a Dios en oración sincera y pedirle que nos revele lo que está pasando en nuestra vida. Así lo hice, y el Señor empezó a mostrarme todos los rencores que venía arrastrando del pasado, rencores hacia mis padres, hacia la religión, hacia mi hermana, hacia los líderes religiosos de los testigos de Jehová, rencor hacia mi primera esposa y su familia, rencores que ni siquiera yo me acordaba de mi niñez.

De esa manera pude trabajar en cuanto a esto en mi vida y aun hoy día le pido a Dios que me revele cualquier raíz de amargura o rencor que pueda quedar en mi vida. Pero necesitamos algo más, no solo pedirle a Dios que nos ayude a revelar y sacar este terreno de nuestra vida, también tenemos que buscar la guía, dirección y ayuda de nuestros líderes espirituales, como lo son nuestros Pastores.

Dios ha preparado hombres y mujeres capaces de dirigir y ayudar a su pueblo. Especialmente cuando se trata de estos problemas, necesitamos una liberación de parte de Dios, por eso te recomiendo que busques de tus líderes o mentores espirituales, para que te ayuden en este paso tan importante de la construcción de tu vida como casa espiritual.

Mi recomendación es que en este momento, marques esta página y pongas este libro a un lado, dirígete a tu amoroso Padre celestial en una oración sincera, que salga de tu corazón. En tus propias palabras pídele a Dios que dirija tu vida y te revele por medio de su Santo Espíritu si en tu vida existe el terreno de la falta de perdón o rencor, que te revele a quien tienes que perdonar, muchas veces tienes que perdonarte a ti mismo.

Sí, muchas veces nos hemos culpado a nosotros mismos de nuestros fracasos o circunstancias, pero Dios quiere que ahora recibas su perdón para que puedas perdonar a otros. Quizás tú digas o pienses que no sabes que decir, pero Dios conoce tu necesidad, solamente abre tu corazón y cree en su palabra que dice: **"Así mismo, en nuestra debilidad el Espíritu acude a ayudarnos. No sabemos qué pedir, pero el Espíritu mismo intercede por nosotros con gemidos que no pueden expresarse con palabras. Y Dios, que examina los corazones, sabe cuál es la intención del Espíritu, porque el Espíritu intercede por los creyentes conforme a la voluntad de Dios. Ahora bien, sabemos que Dios dispone todas** las cosas para el bien de quienes lo aman, los que han sido llamados de acuerdo con su propósito." Romanos 8:26-28.

Sí, el mismo Espíritu de Dios que mora en ti como casa espiritual, intercede por ti en tu petición a Dios. Recuerda que Jesucristo dijo que tenemos que perdonar de corazón a nuestros hermanos, así que pídele a Dios que arranque toda raíz de amargura, toda raíz de rencor de tu vida.

El Espíritu Santo de Dios tiene la excavadora perfecta para sacar este terreno de tu vida y verás como de ahora en adelante podrás recibir el perdón de Dios sin preocuparte de si no has perdonado a otros. Fíjate que dice que Dios examina los corazones y si en tu corazón sientes sinceramente perdonar, Dios sabrá cuáles son tus intenciones y Dios dispondrá todas las cosas para el bien de quienes lo aman.

Tú has sido llamado(a) para cumplir un propósito divino, no eres cualquier cosa, eres Hijo de Dios, levántate y camina en victoria. Existen muchos libros que tratan este tema en profundidad, si es algo que reconoces que necesitas ayuda, busca más información y examina las escrituras pidiendo revelación de parte de Dios.

Terreno #2: La Duda o Incredulidad

Otro de los grandes problemas que tiene estancado a muchos en el pueblo de Dios, es el terreno inestable de la duda o incredulidad, el cual tiene una relación con la falta de fe, pero va mucho más allá.

La duda o incredulidad tienen raíces mucho más profundas en nuestra vida que solamente la falta de fe. Se basan en experiencias vividas desde una temprana edad, especialmente si hemos tenido muchas decepciones en nuestra vida.

En mi caso, este terreno tenía raíces establecidas en mi vida por motivo de la religiosidad y el legalismo. Era un terreno muy arraigado en mi vida, cuando yo salí de los testigos de Jehová, para mí aquello todavía era la verdad de Dios. Me tomó nueve años para reconocer que había un vacío en mi vida y que necesitaba llenarlo, no con el alcohol, no con el dinero, pero con Cristo el cual es el único que puede llenar ese vacío en tu vida.

Pero cuando empecé a escuchar de Cristo y a asistir a la Iglesia Cristiana, para mí fue impactante el ver como Dios estaba obrando en aquellas personas, en la Iglesia y en mi vida. Lo que yo critiqué por tantos años, lo que yo rechacé por tanto tiempo cuando predicaba para los testigos de Jehová, ahora venía a ser la parte más importante de mi vida.

Cuando era testigo de Jehová, yo no creía en un Dios que todavía estuviera haciendo milagros activamente, tampoco creía en el Espíritu Santo como una persona individual, valga la redundancia. No entendía el concepto del nuevo nacimiento y como el Espíritu de Dios viene a morar en nosotros.

No podía comprender como era el bautismo del Espíritu Santo de Dios, el hablar en lenguas, la sanidad de enfermos, la liberación de una persona endemoniada, bueno para mí este era un terreno nuevo sobre el cual mi vida seria construida, pero primero tenía que convencerme de que estaba en lo correcto para poder desechar de mi vida el terreno que estaba tan arraigado, el terreno de la duda y la incredulidad.

Lo interesante del caso es que mientras más escudriñaba la palabra de Dios, el Espíritu Santo traía convencimiento a mi mente y corazón y más me apegaba a aquella nueva experiencia.

Ahora bien, mientras yo estuve en los testigos de Jehová, examiné las escrituras, pero mis creencias estaban basadas en doctrinas las cuales se manipulaban con el uso de la Biblia que tradujeron los testigos de Jehová. Y algo mucho más interesante era que cuando aprendía algo nuevo lo comparaba con la Biblia de los testigos de Jehová, de hecho aun lo hago, y que creen, ahí estaba tan claro que yo me preguntaba a mi mismo el porqué yo no lo había visto antes o entendido como ahora lo entiendo.

Sabes ¿porqué?, porque ahora tenía la revelación directa del Espíritu Santo de Dios y no de hombres que dicen llamarse ungidos, pero que en realidad son confundidos y llevan esta confusión a sus seguidores.

Se guardan la supuesta unción del Espíritu Santo para ellos, y nadie más puede tener revelación de la palabra, sino que toda revelación viene de parte de ellos para el pueblo. La excavadora del Espíritu Santo tuvo que trabajar tiempo extra en mi vida y aun sigue trabajando para sacar este terreno y que no me contamine nunca más.

Para otras personas, la duda e incredulidad están presentes como causa de la falta de confianza en otras personas y hasta en Dios. Quizás este sea tu caso, todo el mundo te ha fallado, nadie te ha cumplido lo que ha prometido, lo más probable es que vengas de un hogar dividido y hayas visto como tus padres sufrieron por motivo de mentiras y desconfianza.

Puede que pienses que Dios no se acuerda de ti, porque si fuera así no habrías sufrido tanto. Muchas personas culpan a Dios por sus experiencias pasadas hasta el punto de desechar todo concepto de que Dios existe. Hay personas que dicen que no creen ni confían en nada ni nadie, y esto está muy arraigado en su vida.

Otros, como en mi caso, han perdido toda confianza en la religión y sus líderes, por motivo de situaciones que han herido muy profundo en su corazón.

Por estas y por muchas otras razones, este tipo de terreno logra inutilizar a la persona y hace que cuando escucha del evangelio, lo rechace sin pensar en las consecuencias. Más aun, personas que han aceptado a Jesús sin haber reconocido que este tipo de terreno existe en su vida, se convierten en cristianos mediocres hasta el punto de cuestionar todo lo que Dios quiere hacer en sus vidas y en las vidas de sus hermanos.

Un siervo de Dios del pasado llamado Santiago, escribió una carta muy especial. La Carta de Santiago se compone de solamente cinco capítulos pero el consejo que Santiago expresa en su carta es de un valor especial, especialmente para nosotros en este tiempo.

En su primer capítulo, en los versículos 5 al 8, Santiago habla acerca de la duda y estas palabras calaron muy hondo en mi ser cuando pude aplicarlas a mi vida mientras trabajaba para sacar este terreno de la duda e incredulidad, dice Santiago: **"Si a alguno de ustedes le falta sabiduría, pídasela a Dios, y él se la dará, pues Dios da a todos generosamente sin menospreciar a nadie. Pero que** *pida con fe, sin dudar, porque quien duda es como las olas del mar, agitadas y llevadas de un lado a otro por el viento.* **Quien es así no piense que va a recibir cosa alguna del Señor; es indeciso e inconstante en todo lo que hace."** Santiago 1:5-8 *(énfasis mío)*.

Quiero que pongas especial atención a las palabras subrayadas, siempre me gusta citar el contexto para no perder la intención del escritor y el mensaje que lleva. El terreno de la duda o incredulidad ataca principalmente al cristiano cuando se trata de las cosas que no vemos y las cosas que esperamos de parte de Dios.

La oración es alimento para el cristiano, es la forma que tenemos de comunicación con nuestro amado Padre celestial y es aquí donde la duda y la incredulidad atacan al cristiano. En todo paso de la construcción de nuestra vida como casa espiritual, la oración tiene que estar presente. Es la manera como nos comunicamos con nuestro arquitecto perfecto y nuestro maestro de obra, Jesús y el Espíritu Santo.

No podemos ser como la persona que duda, fíjate que Santiago la describe como las olas del mar, las cuales van de un lado a otro, en otras palabras la duda e incredulidad traen primeramente desbalance a nuestra vida y también inestabilidad. Lo interesante de esto es que para sacar este terreno de nuestra vida, tenemos que tomar un paso de fe y la primera vez no es fácil, tenemos que ir y orar, pedir con fe a nuestro Padre que nos revele la causa o las causas de la duda en nuestra vida, y que nos ayude por medio del uso de le excavadora del Espíritu Santo a remover este terreno de nuestro corazón y nuestra mente.

Tenemos que hacerlo con fe, porque de lo contrario Santiago nos dice que no esperemos recibir cosa alguna de parte de Dios. Estas son palabra fuertes, pero son realidad, Dios no te va a conceder nada si estamos dudando cuando le pedimos su ayuda. La palabra de Dios nos describe lo que es la fe, dice: **"Ahora bien, la fe es la garantía de lo que se espera, la certeza de lo que no se ve." Hebreos 11:1 (NVI)**

Tenemos que desechar la duda y la incredulidad para entrar en el terreno de la fe, el terreno de la fe es el que va a reemplazar el terreno inestable de la duda. Cuando dejamos que el terreno de la fe entre en nuestra vida, le estamos diciendo a Dios: "Toda mi confianza esta en ti, aunque todos me hayan fallado, aunque el mundo esté en contra mía, tu mi Dios me sostendrás y me ayudaras ante toda adversidad y problema, tu mi Dios me bendecirás porque en ti confió."

Una de claves para entrar en este nivel de fe, es la de declarar con nuestra boca la palabra para traer lo invisible o lo que solamente vemos por fe a lo físico o lo que vemos. El enemigo, Satanás, sabe que hay muchos en el pueblo de Dios que sufren por motivo de la duda y la incredulidad, y él no quiere que entremos en este nivel de fe el cual no asegura una vida productiva y exitosa en nuestro ministerio. Nuestro enemigo quiere vernos derrotados y hará todo lo posible a su alcance para que nos desanimemos y digamos que la fe no funciona, muchos ni siquiera oran porque no creen que Dios les escuche.

Un solo punto que quiero que tengas claro en cuanto a este asunto es que Dios no actúa ni contesta nuestra oraciones en nuestro tiempo, sino en su tiempo y solamente cuando va de acuerdo a su voluntad. Teniendo esto en cuenta, no dejes que el enemigo te desanime, permanece firme en tu fe, comunícate con Dios y entra en un nivel de intimidad con tu Padre celestial y verás como Dios obrara en tu vida.

El terreno de la fe es un terreno que tenemos que cultivar en nuestra vida. Ahora bien, hay un concepto que quiero aclarar y es que muchos piensan que no tienen suficiente fe, que otras personas tienen más fe que ellos y esto no es así.

Cuando llegaste a los caminos del Señor y naciste de nuevo, Dios te dio *la medida de fe*, de la cual habla el Apóstol Pablo en su carta a los Romanos 12:3 cuando dice: **"Por la gracia que se me ha dado, les digo a todos ustedes: Nadie tenga un concepto de sí más alto que el que debe tener, sino más bien piense de sí mismo con moderación, según *la medida de fe que Dios le haya dado*."** *(énfasis mío)*.

Aquí no habla de una medida de fe, dice: la medida de fe, muchos se imaginan que Dios tiene diferentes medidas de fe como un cocinero cuando pone ingredientes en la comida, y a algunos les da más que a otros. Pero no es así, cuando naciste de nuevo, recibiste la misma medida o cantidad y la misma calidad de fe que cualquier otra persona que nace de nuevo.

El problema está en que algunas personas actúan inmediatamente con más fe que otras sin dejar que lo externo los afecte, lo más probable porque en sus vidas no existe el terreno de la duda o la incredulidad. En otras palabras, hay personas que están usando más fe que la que tú estas utilizando pero todos tenemos la misma cantidad disponible para usar.

Ahora bien, al igual que el primer terreno que discutimos, del tema de la fe podríamos escribir muchos libros y aquí no tengo el espacio suficiente para discutir cada aspecto de este tema. Pero no quiero pasar al próximo terreno sin antes discutir un asunto que sé que te llevara a un nivel espiritual que nunca has imaginado en tu vida y te lo digo por experiencia propia.

Quiero que pongas mucha atención y si es posible léelo varias veces para que esta palabra se siembre en tu mente y corazón. Hay dos tipos de fe, la fe humana y la fe sobrenatural o sobrehumana. Vamos a ver la diferencia, porque sé que te tienes que estar preguntando lo que quiero decir con esto.

La **Fe humana** se sostiene o tiene sus raíces en lo que conocemos físicamente o en lo natural. En otras palabras, esta fe es afectada o motivada por nuestros cinco sentidos, lo que vemos, escuchamos, olemos, tocamos y probamos.

La fe humana es también limitada por nuestros cinco sentidos. Se basa en lo que hemos conocido y aprendido en nuestra vida. Para que puedas entender este concepto, vamos a utilizar el ejemplo de un avión, cuando vamos a viajar y nos montamos en un avión, no empezamos a cuestionar las habilidades del piloto o la condición mecánica del avión, o si tiene suficiente combustible para llegar al destino, o si el tiempo le afectara en el transcurso del vuelo. No, por nuestras experiencias y por lo que hemos aprendido, simplemente abordamos el avión y nos vamos, esto es un tipo de fe, es la fe humana, y esta fe es afectada por tus sentidos porque si sucediera que una vez sentado miraras por la ventanilla y vieras que le falta un pedazo del ala al avión, ¿qué harías? Definitivamente en ese momento se acabaría tu fe en los aviones y no volarías quizás nunca más.

En otras palabras el problema de esta fe es que si las circunstancias o los hechos no apoyan lo que vas a hacer, entonces se acaba la fe y no puedes actuar. Lamentablemente muchos cristianos están andando en este tipo de fe, la cual podemos comparar con el terreno expansivo el cual es afectado por elementos externos.

A estos cristianos yo le llamo, los cristianos de montaña rusa, en un momento están subiendo y subiendo hasta la cima, pero un instante caen a lo más bajo de su vida. Son el tipo de persona que viven cada momento de su vida dependiendo de las condiciones actuales o las circunstancias externas, cuando todo le va bien están de maravilla y los ves adorando a Dios y muy activos en todo en la Iglesia y muy amorosos, pero cuando viene la prueba y las cosas empiezan a cambiar, especialmente en el área las finanzas, se olvidan que es cuando más necesitan de Dios.

La Fe sobrenatural o fe sobrehumana es totalmente diferente a la fe humana, mientras que la fe humana depende o se limita por nuestros cinco sentidos, la fe sobrehumana no se limita ni depende de lo que vemos, escuchamos, probamos, olemos o sentimos.

La fe sobrenatural o sobrehumana sobrepasa todo lo que tiene que ver con nuestra lógica humana y rompe todo precepto de lo que creemos humanamente posible. Uno de los mejores ejemplos de este tipo de fe, lo tenemos en la vida de Abraham, cuando Dios antes de que él tuviera un solo hijo, le cambio el nombre de Abram por Abraham que significa: padre de muchas naciones.

Aquí Dios nos demuestra esta fe por medio de llamar las cosas que no son como si ya fueran, aun antes de que se manifieste alguna prueba física de lo que se espera. Conocemos a Abraham como el padre de la Fe, en su carta a los Romanos, en el capítulo 4, el Apóstol Pablo nos relata acerca de la fe de Abraham, me gusta lo que dice el versículo 17: **"delante de Dios, tal como está escrito: <<Te he confirmado como padre de muchas naciones. >> Así que Abraham creyó en el Dios que da vida a los muertos y que llama las cosas que no son como si ya existieran."** (énfasis mío).

Esa es la fe sobrehumana, es la fe de Dios la cual afirma y reconoce las cosas que todavía no son en lo físico como si ya fueran, esa es la fe en la cual Abraham tuvo que andar. Pero no siempre fue así, cuando leemos la historia de Abraham, la cual se registra en los capítulos 12 al 25 de Génesis, el cual te invito a que saques tiempo y lo leas, nos damos cuenta de que Abraham tuvo que cultivar su fe y crecer a un nivel espiritual mayor para manifestar su fe.

Voy a hacer un pequeño resumen de la historia de Abraham para que podamos entender como Abraham tuvo que dejar de andar en fe humana y entrar en la fe sobrehumana o la fe de Dios. Cuando Abraham fue llamado por Dios, tenía 75 años de edad y Dios le da instrucciones para que se fuera de su tierra, sus parientes y de la casa de su padre, y se fuera a una tierra desconocida la cual Dios le mostraría.

Vamos a ponernos en el lugar de Abraham por un momento y vamos a imaginarnos como nos sentiríamos en esa situación. Setenta y cinco años de edad y ahora Dios le pide que deje todo lo que él conoce, todo lo cual él ha estado familiarizado toda su vida, y en su vejez abandonarlo todo e ir a un lugar que no conoce.

En ese momento Dios le da una promesa y le dice: **"Haré de ti una nación grande, y te bendeciré; haré famoso tu nombre, y serás una** bendición. **Bendeciré a los que te bendigan y maldeciré a los que te maldigan; ¡por medio de ti serán bendecidas todas las familias de la tierra!" Génesis 12:2-3.**

Ahora bien, usando la lógica o la fe humana, las circunstancias de Abraham en este momento no apoyaban aquella promesa, en una edad avanzada y teniendo que irse de su lugar natal, abandonando así todos sus parientes y la tierra que él conocía para obedecer a Dios.

Pero Abraham no dudó, dice la Biblia que **"Abram partió, tal como el Señor se lo había ordenado . . ." Génesis 12:4a.** Ahora bien, cuando seguimos leyendo el relato vemos las situaciones y dificultades que Abram tuvo que enfrentar en tierras desconocidas, en una ocasión tuvo que rescatar a Lot y hasta tuvo que decir que Sara era su hermana por temor a perder su vida.

Y pasaron los años y unos 10 años después de que Dios le había dado aquella promesa a Abram, Abram tuvo una visión la cual se registra en el capítulo 15 de Génesis. Los primeros 3 versículos nos dan una descripción de lo que allí ocurrió, dice: **"Después de esto, la palabra del Señor vino a Abram en una visión: <No temas, Abram, Yo soy tu escudo, y muy grande será tu recompensa.> Pero Abram le respondió: Señor y Dios, ¿para qué vas a darme algo, si aun sigo sin tener hijos, y el heredero de mis bienes será Eliezer de Damasco? Como no me has dado ningún hijo, mi herencia la recibirá uno de mis criados." Génesis 15:1-3.**

Ya había pasado un tiempo pero Abram no había visto la promesa acerca de su descendencia cumplirse, y cuando Dios vuelve y le promete una gran recompensa, Abram se queja ante Dios y le dice que ¿para qué le va a dar más si no le ha dado hijos?

En cierta manera Abram le echa la culpa a Dios cuando le dice: "como no me has dado hijo, mi herencia la recibirá uno de mis criados", esa fue una queja de parte de Abram. En aquel momento salió a relucir el terreno de la duda e incredulidad en la vida de Abram, en ese momento él estaba andando en la fe humana.

Abram estaba viendo que las circunstancias de su vida no apoyaban la promesa de parte de Dios, ya habían pasado 10 años y todavía no tenía una descendencia la cual heredara sus bienes. Pero Dios sabiendo el problema de nosotros los humanos, que tenemos que ver para creer, hizo algo para que Abram no perdiera la visión de lo que Él le había prometido, y esta parte de la historia es algo que ha ministrado mucho a mi vida.

Muchas veces perdemos la visión de lo que Dios quiere para nosotros y para poder seguir hacia adelante, Dios tiene que sacarnos muchas veces de donde estamos cómodos hacia afuera para visualizar y volver a retener la visión. Y eso fue lo que Dios hizo con Abram, Génesis 15:5-6 dice: "**Luego el Señor <u>lo llevo afuera</u> y le dijo:—Mira hacia el cielo y cuenta las estrellas, a ver si puedes. ¡Así de numerosa será tu descendencia! Abram creyó al Señor, y el Señor lo reconoció a el cómo justo.**" (énfasis mío).

Dios reconoció que Abram estaba perdiendo la visión de lo que Él le había prometido y el hecho de que lo sacó afuera es muy importante, me imagino que Abram estaba adentro de su tienda o casa de campaña y desde allí su visión era limitada, por eso Dios lo saco afuera y le mostró un cielo lleno de estrellas y le dijo que su descendencia llegaría a ser así de numerosa.

Abram volvió a agarrarse de la promesa de Dios al visualizar y entender lo que Dios quería para su vida, y empezó a caminar de nuevo en la fe sobrehumana aunque sus circunstancias no apoyaban aquella promesa.

Pero todavía había un problema, y es un problema que tenemos todos, es el problema de la gente que te rodea y como sus actitudes pueden cambiar tu fe. Sara, la esposa de Abram, no estaba andando en la misma fe de Abram.

Viendo las circunstancias que le rodeaban incluyendo su edad y la edad de Abram, y el hecho de que no había podido tener hijos, tomo una decisión la cual hasta el día de hoy ha traído consecuencias trágicas. Tomo la decisión de ayudar a Dios a cumplir su promesa por medio de permitirle a Abram acostarse con su esclava Agar para tener un hijo de ella, el cual en aquellos tiempos se consideraba posesión de los amos.

Dice la Biblia que Abram aceptó la propuesta de Sara, que en aquel momento se llamaba Saray, y se acostó con Agar y ella quedo embarazada. Aquí vemos un conflicto entre la fe humana y la fe sobrehumana, pero me pregunto yo, ¿porqué Abram aceptó la propuesta de Saray? ¿Porqué no esperó el cumplimiento de la promesa de Dios?

Creo que en aquel momento volvió a sobresalir la fe humana de Abram, y vio esta oportunidad como el modo o el medio que Dios estaba usando para cumplir su promesa. En su desesperación y viendo las circunstancias que le rodeaban, aquella parecía una buena solución.

Ochenta y seis años tenía Abram cuando nació Ismael, 11 años habían pasado desde el momento en que Dios había llamado a Abram y le había dado aquella promesa. Analizando esta situación, creo que Abram atrasó el cumplimiento de la promesa por haber aceptado la propuesta de Saray.

Muchas veces nosotros mismos atrasamos el cumplimiento de lo que Dios nos ha prometido al buscar soluciones humanas a nuestra situación y salir del terreno de la fe sobrehumana y entrar en el terreno de la fe humana.

Pasaron 13 años para que Dios volviera a hablar con Abram y re-establecer su promesa, esta vez por medio de un pacto en el cual Dios tuvo que hasta cambiarle el nombre a Abram por el nombre de Abraham, y el nombre de Saray por el nombre Sara.

Sabes porque Dios le cambió los nombres, para que cada vez que dijeran su nombre llamaran las cosas que no son como si ya existieran. Cada vez que alguien decía Abraham o cuando le preguntaban su nombre, el decía Abraham, estaba diciendo "padre de multitudes", estaban declarando una palabra que aun no era realidad en lo físico pero si era realidad en lo espiritual o en el terreno de la fe sobrehumana, la fe de Dios.

Saray tenía 90 años cuando Dios estableció este nuevo pacto con Abraham, no tenía hijos, se sentía rechazada y vieja, pero ahora Dios le cambia su nombre por el nombre de Sara, que significa princesa y también le re-afirma que será madre de multitudes, que el cumplimiento de aquella promesa dada 24 años atrás se cumpliría por medio de ella y no por medio de su esclava.

Cuando leemos el relato vemos que ambos, en diferentes ocasiones se rieron de solo pensar que a su edad podrían procrear un hijo. Pero es en esos momentos cuando ya no hay una solución humana, en ese momento en que las circunstancias físicas no apoyan la promesa, cuando el poder y la gloria de Dios se manifiesta para demostrar que cuando nosotros decimos no se puede, es cuando él se glorifica y demuestra que él es el Dios de lo imposible.

Cien años tenía Abraham cuando nació Isaac, el hijo de la promesa, y sabemos el resto de la historia y como la fe de Abraham fue probada una vez más cuando Dios le pidió que sacrificara a su único hijo.

Veinte y cinco años tomo para que se cumpliera una promesa en la vida de Abraham. Fue un proceso en la vida de Abraham, en el cual varias veces perdió su visión y anduvo en su fe humana, pero tuvo que rechazar el terreno de la duda e incredulidad y creerle a Dios para entrar de nuevo en la fe sobrehumana.

Ahora es momento de decidir en cual fe quieres andar, es momento de rechazar toda duda e incredulidad en tu vida y pedirle al Espíritu Santo de Dios que te conceda el fruto de la fe.

Sí, la fe es un fruto de tu espíritu, en su carta a los Gálatas, el Apóstol Pablo nos dice: **"Mas el fruto del Espíritu es amor, gozo, paz, paciencia, benignidad, bondad, fe, mansedumbre, templanza; contra tales cosas no hay ley." Gálatas 5:22-23 (RVR)**

La fe sobrehumana cree más allá de lo que consideres posible, sale de lo más profundo de tu ser y tu corazón, no solo de tu mente. Es la misma fe que usaste cuando le aceptaste a Jesús como su Señor y Salvador, la misma fe que te llevo a creer que has nacido de nuevo.

No necesitas mas fe, lo que necesitas es creer que ya la tienes y empezar a activarla en tu vida. Ora y estudia la palabra de Dios para que descubras las leyes de la fe. Estudia libros basados en las Escrituras acerca de la fe, busca una guía espiritual por medio de tus Pastores y empieza a usar la fe sobrehumana para tu propio beneficio. Es así como podrás rechazar por completo el terreno de la duda y empezar a construir tu vida o casa espiritual sobre un terreno estable y fuerte, el terreno de la fe sobrehumana, la fe de Dios.

Terreno #3: El terreno del Pecado

Otro de los terrenos que afecta a los cristianos hoy día, es el terreno del pecado. Es un terreno que paraliza el crecimiento del cuerpo de Cristo, que es la Iglesia.

Es un tema complicado y lleno de mucha controversia y al igual que los terrenos anteriores podríamos escribir mucho acerca de este tema, pero mi objetivo principal es establecer los parámetros entre lo que es bueno y lo malo, y establecer como el pecado afecta la construcción de nuestra vida como casa espiritual.

Para empezar tenemos que entender lo que es pecado, voy a definirlo lo más sencillo posible, es todo acto o acción que vaya en contra de los principios bíblicos establecidos por Dios en su palabra. Fíjate que no dije en contra de los principios establecidos por una religión o una organización humana.

Quiero que esto quede bien claro, porque tenemos que poner a un lado el legalismo y la religiosidad que ha afectado tanto a la humanidad hoy día. Muchas personas están confundidas entre lo que se define como pecado en la palabra de Dios y lo que muchas religiones llaman pecado, lo cual son reglas individuales establecidas por sectas humanas para mantener a sus seguidores bajo un temor superficial, un temor disfrazado de no fallarle a Dios.

El problema del legalismo es que el temor de no fallar, no es de fallarle a Dios, sino de no fallarle a la religión o a los líderes religiosos. Este fue el caso mío, mientras estuve en los testigos de Jehová llevaba una vida limpia, gracias a Dios tuve una juventud libre de drogas, promiscuidad sexual, alcoholismo y libre de muchos problemas que afectan a la juventud.

Pero no era solo por no pecar contra Dios, el legalismo de la religión era una manera de aislamiento de todo y establecía un temor de no fallar por miedo a ser expulsado de la religión, o perder privilegios, por miedo de que alguien te viera y se lo dijera a los ancianos de la congregación y terminaras en un juicio, etc.

El problema mayor del legalismo es que no tiene base bíblica, un ejemplo sencillo del legalismo es que en los testigos de Jehová los varones no pueden dejarse la barba, y se nos enseño eso desde niños y vimos como los varones adultos no se dejaban la barba y lo llegué a aceptar como una práctica aceptable.

Si un varón se dejaba la barba, lo consideraban un pecado de rebeldía, el cual te llevaba a enfrentar un comité judicial en el cual se determinaba tu actitud y la acción a tomar. Una vez te reunías con los ancianos tenías que tomar una decisión, si decidías que hiciste mal y te afeitabas, te censuraban privadamente pero perdías tus privilegios por un tiempo de prueba. Si decidías quedarte con la barba, te censuraban públicamente, perdías todos tus privilegios y dependiendo del cuerpo judicial podrías hasta ser expulsado.

El problema es que esto no tiene base bíblica, se sostenía solamente por costumbres humanas las cuales categorizaban el tener barba con un símbolo de rebeldía. Así como este hay muchos legalismos en esta religión y otras religiones que no tienen apoyo bíblico y siguen atando a las personas a la religión. En otro libro estaremos considerando en detalle muchos de estos asuntos.

Yo me mantuve firme y llevando una vida limpia ante mis ojos y ante los ojos de mis líderes religiosos mientras estuve en los testigos de

Jehová, pero una vez que deje la religión empecé a practicar el pecado a manera de disfrutarme el mundo como nunca lo había hecho.

Una vez que no tenía que responderle a la religión, empecé a llevar una vida sucia, porque mi temor de no fallar no estaba basado en temor a Dios, sino en temor de no fallarle a la religión ni a mi familia.

Pero al no tener esta responsabilidad, no me importo lo que Dios pensara de mí, ni hacia donde se encaminaba mi vida, me entregué completamente a los placeres del mundo y aquel terreno empezó a arraigarse en mi vida porque no tenía ningún otro terreno para reemplazar la religión que había dejado. Ese es el problema de la religión, muchas personas que han salido de la religión no quieren saber nada de cualquier cosa que tenga que ver con Dios.

Una vez que dejas que el terreno del pecado siembre raíces en tu vida, es muy difícil salir de esa situación por tus propias fuerzas. El Apóstol Juan en su tercera carta, nos explica muy claramente esta situación, pero para muchas personas las palabras de Juan han creado confusión por la manera en que él lo expresó. Vamos a ver lo que nos dice al Apóstol Juan, en el capítulo uno, versículos 8 al 10 dice: "Si afirmamos que no tenemos pecado, nos engañamos a nosotros mismos y no tenemos la verdad. Si confesamos nuestros pecados, Dios, que es fiel y justo, nos los perdonara y nos limpiara de toda maldad. Si afirmamos que no tenemos pecado, lo hacemos pasar por mentiroso y su palabra no habita en nosotros."

Estas palabras del Apóstol Juan nos hablan de nuestra realidad como humanos imperfectos. Juan nos habla de ese momento en el cual tenemos que reconocer que somos pecadores y arrepentirnos para poder aceptar el sacrificio de Jesús en nuestras vidas.

Lo que Juan nos explica en este pasaje acerca del momento en que venimos ante Dios por primera vez como pecadores arrepentidos y aceptamos a Jesús como nuestro Señor y Salvador, entonces en ese momento la sangre de Jesús nos limpia de todo pecado.

En el versículo 7 nos dice: **"Pero si vivimos en la luz, así como el está en la luz, tenemos comunión unos con otros, y <u>la sangre de su Hijo Jesucristo nos limpia de todo pecado</u>." 1 Juan 1:7** (énfasis mío). La única manera de ser libres y recibir el perdón de parte de Dios es reconociendo que somos pecadores y confesando nuestros pecados a Dios para que Él nos perdone y nos limpie.

Ahora eso sucede cuando venimos a los pies de Jesús y aceptamos a Jesús como nuestro Señor y Salvador, ¿pero qué pasa después? Si Dios nos perdona y nos limpia de toda maldad, ¿porqué muchos siguen viviendo en derrota por causa del pecado? Esa es una pregunta muy importante, tenemos que analizar la respuesta porque nos va a ayudar a desechar el terreno del pecado en nuestra vida.

Después de explicarnos lo que pasa en ese momento que reconocemos que somos pecadores, Juan pasa a explicar la función de Jesús en caso de que pequemos de nuevo, nos dice en los versículos 1 y 2 del segundo capítulo de su primera carta: **"Mis queridos hijos, les escribo estas cosas para que no pequen. Pero si alguno peca, tenemos ante el Padre a un intercesor, a Jesucristo, el Justo. El es el sacrificio por el perdón de nuestros pecados, y no solo por los nuestros sino por los de todo el mundo."**

Tenemos que tener cuidado de no usar esto que nos dice Juan como una excusa para vivir en pecado. Como humanos imperfectos vamos a pecar, es nuestra naturaleza, pero hay una diferencia entre el pecado voluntario y el pecado involuntario.

Es interesante notar la pregunta que hace el Apóstol Juan después de explicar lo que acabamos de leer, en el versículo 3 del capítulo 2 de su primera carta el pregunta: **"¿Cómo sabemos si hemos llegado a conocer a Dios? Si obedecemos sus mandamientos."** Entonces tenemos que entender que después de dar un paso de arrepentimiento, tenemos que llegar a conocer a Dios, y esto se demuestra por medio de la obediencia.

Pero la pregunta ahora es, ¿qué sucede una vez que tomamos ese paso de obediencia y nos arrepentimos y confesamos nuestros pecados? Aquí es donde viene la confusión por lo que sigue diciendo el Apóstol Juan en su carta, y muchos creen que es una contradicción a lo que él dice en el primer capítulo de su carta.

Vamos a leer lo que Juan nos dice y para entender el significado de esto en totalidad es importante que leamos el contexto de lo que Juan expresa al decir: **"Todo el que comete pecado quebranta la ley; de hecho, el pecado es transgresión de la ley. Pero ustedes saben que Jesucristo se manifestó para quitar nuestros pecados. Y él no tiene pecado. <u>Todo el que permanece en él, no practica el pecado</u>. Todo el que practica el pecado, no lo ha visto ni lo ha conocido. Queridos hijos, que nadie los engañe. El que practica el pecado es del diablo, porque el diablo ha estado pecando desde el principio. El Hijo de Dios fue enviado precisamente para destruir las obras del diablo. Ninguno que haya nacido de Dios practica el pecado, porque la semilla de Dios permanece en él; no puede practicar el pecado, porque ha nacido de Dios."** 1 Juan 3:4-9 (énfasis mío).

Podemos entonces preguntar, ¿cuál es el mensaje de Juan?, ¿pecamos o no pecamos? Esto puede ser un poco confuso y hasta intimidante para cualquier persona que desea agradar a Dios y hacer su voluntad.

Por un lado Juan nos dice que si negamos que tenemos pecado, somos mentirosos y hacemos a Dios mentiroso, pero ahora dice que todo aquel que ha nacido de Dios no puede practicar el pecado. Y es precisamente en esa oración, "porque ha nacido de Dios", donde se encuentra la respuesta y la clave para no dejar que el terreno del pecado nos afecte en la construcción de nuestra vida como una casa espiritual.

Cuando analizamos toda la carta de Juan, podemos tener un concepto claro de lo que Juan quiere transmitir por medio de su mensaje. Primeramente habla de la persona que no ha nacido de nuevo, la persona que no ha reconocido que es pecador y que necesita una salida de su condición pecaminosa.

Esa salida, según lo explica el Apóstol, es reconocer que somos pecadores y arrepentirnos de nuestro caminar y aceptar el sacrificio de Jesús para el perdón de nuestros pecados y salvación.

Entonces Juan pasa a explicar que si cometemos pecado, aun después de haber dado el primer paso, tenemos un intercesor ante el Padre, el cual es Jesús porque en ese momento que lo hemos aceptado, Él es como nuestro abogado ante el Padre y si cometemos pecado Él le dice al Padre que nos perdone porque su sangre nos ha limpiado.

Este concepto era difícil de entender en el tiempo del Apóstol Juan, porque la gente seguía viviendo bajo la Ley, la cual Juan menciona, bajo la Ley ellos tenían que ofrecer sacrificios una y otra vez para el perdón de pecados, pero ahora Juan les dice que el sacrificio de Jesús fue una vez y para siempre para el perdón de sus pecados. Ese es el mensaje que Juan quería transmitir en su carta, no quiere decir que no vamos a pecar, vamos a seguir pecando porque somos imperfectos, pero en el capítulo 3, Juan está hablando de un nivel mayor en la espiritualidad y vida de un cristiano.

Te acuerdas cuando expliqué anteriormente en este libro acerca de lo que somos como personas, cuerpo, alma y espíritu, es aquí donde tenemos que entender y creer en lo que sucede cuando nacemos de nuevo como Hijos de Dios.

Es aquí donde tenemos que entender que el Espíritu de Dios viene a morar en nosotros cuando nacemos de nuevo en nuestra vida de cristianos, y es ese Espíritu el que no puede pecar porque viene de un Dios santo y sin pecado. Vamos a seguir pecando en nuestra carne y alma, pero nuestro espíritu es perfecto y no puede pecar porque somos Hijos de Dios.

Es ahora el momento de una importante decisión en tu vida, es cuando decides que clase de cristiano quieres ser, uno de los que andan según la carne y se la pasan de derrota en derrota, siempre acosados por los pecados y no pueden salir de su mala situación. O quieres ser un cristiano que se deja llevar o anda según el espíritu, y aunque falle de vez en cuando, reconoce que ha sido justificado por la sangre de Jesús, se levanta con su cabeza en alto todo el tiempo y echa a un lado toda culpabilidad para hacer la voluntad de Dios en su vida.

Quiero que siembres unas palabras en tu corazón y mente, el andar sin pecado no beneficia a Dios, es para tu propio beneficio. Por ejemplo, un hombre que comete adulterio y se arrepiente, recibe el perdón de Dios y continúa su vida como cristiano, pero las consecuencias del pecado siguen presentes, posiblemente pierda a su familia, recibirá el rechazo de sus hijos y hasta de amigos y conocidos por motivo de sus acciones.

Y así es con muchos otros pecados, Dios nos perdona, para Dios el pecado es pecado, no tienen diferentes tamaños. Somos nosotros los que le hemos puesto tamaños a los pecados buscando una justificación ante nosotros mismos y las personas que nos rodean. Mientras estemos en este mundo, seguiremos siendo atacados por el enemigo, seguiremos siendo tentados y puestos en situaciones que nos pueden llevar a cometer pecados que afecten nuestra vida y la vida de las personas a quienes más amamos.

Pero Dios, te ve como su Hijo, Él te ve en el espíritu porque el espíritu es lo único que puede entrar y te da acceso a su presencia. Es por eso la importancia de tomar una decisión de buscar más de la presencia de Dios por medio de la oración y del estudio de su palabra, de esa manera estarás alimentando tu espíritu con la presencia de Dios y tu alma cada día estará más conectada con tu espíritu.

Es un proceso, no es una cosa de la noche a la mañana, pero verás que mientras más pasa el tiempo, más fácil se te hará resistir al enemigo y vivir una vida tranquila y limpia ante los ojos de Dios. Y en el momento que falles, podrás levantarte y decir que eres justificado por la sangre de Jesús, te arrepentirás de corazón por lo que hayas hecho y seguirás hacia adelante en victoria, construyendo tu vida como una casa digna de la presencia de Dios.

Escogiendo el Terreno

Existen muchos más terrenos o situaciones que afectan al pueblo de Dios en estos días. Pero las tres categorías que he presentado son las categorías principales de los terrenos que tenemos que sacar de nuestra vida, todos los otros terrenos se relacionan de una forma u otra con una de estas categorías principales, podríamos decir que las otras situaciones son sub-categorías de terrenos los cuales una vez los identificamos como perjudiciales para nuestra vida, tenemos que sacarlos y arrancarlos de raíz.

Ahora una vez que identificamos lo que nos afecta y lo sacamos de nuestra vida, entonces tenemos que tener mucho cuidado con que llenamos el espacio donde este terreno estaba en nuestra vida. Al igual que hacemos con una casa física, ahora tenemos que rellenar con terreno bueno para entonces estar preparados y continuar la construcción de nuestra vida.

Tenemos que tener cuidado de no reemplazar un terreno malo con un terreno de peor calidad, es aquí donde tenemos que elegir. Por ejemplo, muchas personas reconocen que tienen el terreno del rencor y la falta de perdón en sus vidas y tratan de sacar ese terreno pero solo logran sacarlo superficialmente porque quizás lo tratan de reemplazar buscando felicidad en cosas materiales las cuales les dan una felicidad temporera y básicamente lo que hacen es tapar por un tiempo el terreno malo. Eventualmente vuelve a surgir el terreno de la falta de perdón y rencor, en muchos casos viene a reflejarse aun peor que al principio porque se le dejó crecer raíces.

El punto que quiero que entiendas es que cada vez que descubrimos lo que nos está afectando y nos liberamos de eso o lo sacamos de nuestra vida, queda un vacío que hay que llenar y tenemos que cuidar con que lo llenamos. Aun personas que no conocen de Dios, muchas veces se dan cuenta de cosas que están destruyendo sus vidas y quizás hasta logren dejarlas atrás, pero llenan el vacío que eso les dejo con cosas vanas las cuales no les dan verdadera felicidad y terminan aun peor.

La palabra de Dios nos habla acerca de esto, en una ocasión Jesús les dijo a sus discípulos lo siguiente: **"Cuando un espíritu maligno sale de una persona, va por lugares áridos buscando un descanso. Y al no encontrarlo, dice: "<u>Volveré a mi casa, de donde salí</u>." Cuando llega, la encuentra barrida y arreglada. Luego va y trae otros siete espíritus más malvados que él, y entran a vivir allí. Así que el estado final de aquella persona resulta peor que el inicial." Lucas 11:24-26** (énfasis mío).

Fíjate que Jesús está hablando acerca de una persona, pero para el espíritu es una casa. Dejándonos entender que en nosotros pueden venir a morar espíritus, los cuales pueden ser malignos. Por eso, tenemos que asegurarnos que una vez sacamos de nuestra vida el terreno que no sirve, llenamos ese vacío con cosas que nos benefician de verdad, de esa manera cuando esas cosas del pasado quieran venir a morar en nosotros de nuevo, no pueda haber espacio para ellas.

Para hacer esto lo más simple posible, tenemos que entender que existen tres terrenos básicos con los cuales podemos llenar cualquier vacío que exista en nuestra vida y queda de nosotros decidir cuál de estos vamos a utilizar. Estos terrenos son:

1. **Terreno del Diablo:** este terreno contiene todo lo que nos afecta en nuestra vida. Está lleno de pensamientos demoníacos y de todo lo que está en contra de Dios. Este terreno es el más destructivo de todos, pero a pesar de eso muchas personas han elegido llenarse de él. Hasta el punto de rechazar en sus vidas todo concepto de que Dios existe y es un Dios amoroso que se interesa por sus hijos. Muchos hasta le adoran directamente y sus vidas están regidas por Satanás.

    Algo interesante de este terreno es que muchas veces llega sutilmente a nuestras vidas y empieza a sembrar raíces aun sin darnos cuenta, después es muy difícil sacarlo de nuestra vida. En este terreno se encuentra todo lo que tiene que ver con el pecado, la mentira, el odio, el rencor, la falta de respeto por la vida, hasta el punto de llegar a cometer un asesinato u homicidio. Este terreno definitivamente no nos conviene, este terreno podríamos catalogarlo como terreno expansivo, si, la persona que anda en este terreno es muy inestable y volátil. Nunca se sabe que esperar de una persona que ha dejado que este terreno se desarrolle en su vida, porque en este terreno es que se mueve Satanás.

2. **Terreno del Hombre:** este terreno es muy interesante, yo lo llamo el terreno de justificación propia. Es muy sutil, y en parte se relaciona con el primer terreno aunque la persona que se deja llevar por este terreno rechaza cualquier concepto de que el Diablo lo pueda afectar a la vez que rechaza la intervención de Dios en su vida.

   Este terreno es dictado por el ambiente físico, por lo que se ve, por lo que se gusta, por lo que se oye, por lo que se siente y por lo que se respira. Es otras palabras es un terreno que domina a la persona por lo que se cree que es una realidad y no ve más allá en el mundo espiritual. La persona que se deja llevar por este tipo de terreno, es muy sensitiva aunque dé una apariencia de ser fuerte por afuera. Todo lo que pasa a su alrededor le afecta, le molesta y le trae infelicidad, porque muchas veces no tiene el control de las circunstancias.

   Al no reconocer su necesidad de Dios, muchas veces no ve soluciones a los problemas y son muy susceptibles a la depresión y amargura. Su debilidad nos lleva a catalogar este terreno como el terreno de la arena, sí, muy débil y que por cualquier tormenta o corriente de agua se desvanece y la casa cae. Definitivamente no nos conviene andar en este terreno.

3. **Terreno de Dios:** este es el terreno del Nivel Celestial. Es donde Dios se mueve y en donde todos los pensamientos están de acuerdo a la palabra de Dios. Es el terreno de la Fe en el cual el ambiente físico no afecta el resultado de lo que Dios tiene planeado para tu vida.

Este es el más poderoso de todos los terrenos, porque este terreno está dominado por la voluntad de Dios y no la de nosotros mismos. Para entrar en este terreno lo primero que tenemos que hacer es cambiar nuestros pensamientos por los de Dios y establecerlos en nuestra vida.

Así como anteriormente hablamos de la renovación de nuestro entendimiento por medio de establecer la palabra de Dios en nuestra vida. También tenemos que entregar nuestra vida y nuestra voluntad a Dios, para que sea Él tomando el control de nuestra vida y que se haga su voluntad no la nuestra. Este es el terreno del amor y la constancia, de la misericordia de Dios en nuestras vidas.

Es el único terreno con el cual deberíamos llenar cualquier vacío en nuestra casa espiritual, para llenar nuestra casa y que cuando venga cualquier cosa del pasado a nuestra vida no encuentre cabida. El Reino de Dios se mueve en este terreno, y cuando se establece el Reino de Dios en nuestras vidas, el enemigo huye porque sabe que no puede afectarnos.

Este terreno lo catalogamos como el Terreno de la Roca, sí, la Roca que es Jesús. Un terreno firme y fuerte el cual no se mueve por ninguna tormenta o corriente de agua, un terreno basado en la palabra de Dios. Una vez tomemos la decisión de utilizar este terreno, estaremos preparados para continuar con la construcción de nuestra vida como casa espiritual.

No quiero terminar este capítulo sin antes decirte que Dios nos deja decidir a cada uno de nosotros, en qué clase de terreno queremos construir nuestra vida. Queda de ti tomar una decisión, Dios dijo unas palabras al pueblo de Israel en el pasado las cuales nos aplican a nosotros hoy día y quiero que medites en estas palabras:

"Hoy te doy a elegir entre la vida y la muerte, entre el bien y el mal. Hoy te ordeno que ames al Señor tu Dios, que andes en sus caminos, y que cumplas sus mandamientos, preceptos y leyes. Así vivirás y te multiplicaras, y el Señor tu Dios te bendecirá en la tierra de la que vas a tomar posesión." Deuteronomio 30:15-16

Capítulo 4

Edificando el Fundamento

Una vez hemos determinado en qué clase de terreno queremos construir, tenemos que empezar a construir el fundamento de nuestra vida. El fundamento en una casa física es la base sobre la cual se construye la casa. En una casa física se recomienda que un ingeniero diseñe el fundamento de acuerdo con la casa que estará sobre el fundamento.

Es muy importante seguir las especificaciones dadas por los expertos para así tener una base firme y estable sobre la cual podamos construir sin tener problemas serios en un futuro.

De no seguir las instrucciones o si se construye el fundamento equivocado, lo más probable es que un tiempo después de que la casa este construida, se empiecen a reflejar problemas serios con las paredes y el piso, causando así la necesidad de reparaciones muy costosas y hasta en situaciones más serias, la completa destrucción de la casa.

De la misma manera sucede con nuestra vida como casa espiritual. Dios, como nuestro ingeniero perfecto nos da instrucciones mediante su palabra acerca del fundamento sobre el cual construir nuestra vida o nuestra casa espiritual.

El Apóstol Pablo en su segunda carta a los Corintios es muy claro en este asunto, nos dice: **"Según la gracia que Dios me ha dado, yo, como maestro constructor, eche los cimientos, y otro construye sobre ellos. Pero cada uno tenga cuidado de como construye, porque nadie puede poner un fundamento diferente del que ya está puesto, que es Jesucristo." 1 Corintios 3:10-11**.

Aquí el Apóstol estaba hablando de la construcción de nuestra vida como cristianos, de nuestro crecimiento espiritual basado en el fundamento que ya estaba establecido, el cual es Jesucristo. Cuando leemos el versículo 9 del mismo capítulo nos damos cuenta que el identifica a los corintios y les dice: **"y ustedes son el campo de cultivo de Dios, son el edificio de Dios." 1 Corintios 3:9(b)**

Podemos ver como a través de este capítulo de su primera carta a los Corintios, el Apóstol Pablo nos identifica varias veces como un edificio o casa de Dios. Es importante que entendamos el significado de esto, porque en base a esta definición es que podemos decir que tenemos que construir nuestra vida como casa espiritual digna de recibir el Espíritu de Dios.

En el tiempo que el Apóstol Pablo escribe esta carta, existía un problema en aquella congregación de cristianos. Estaban perdiendo la visión de lo que era el fundamento de sus vidas, cuando leemos al principio del capítulo 3, vemos como el Apóstol les da una amonestación y les dice que no podía hablarles como a personas espirituales sino como a inmaduros en la fe, como a niños en Cristo.

Entre ellos había celos y contiendas, discutían de quien eran según la persona que les había presentado el evangelio, por eso Pablo tuvo que hablarles de esta manera, para que pudieran entender que el fundamento de sus vidas estaba solo en Jesús y no en los hombres que los habían ayudado a llegar a Jesús.

Me llama la atención cuando Pablo se identifica así mismo como "maestro constructor", y como ese maestro constructor prepara los cimientos o el fundamento pero dice el Apóstol que otro construye sobre esos cimientos.

Tenemos que entender que al empezar a andar en los caminos del Señor, vamos a necesitar ayuda de personas maduras las cuales actúan como maestros constructores en nuestra vida. Esas personas tienen un interés genuino de ayudarnos y queda de nosotros identificar y escoger bien quien o quienes serán nuestros mentores espirituales.

El Apóstol Pablo aclara la importancia de esto al decir: **"Pero cada uno tenga cuidado de como construye"**. Y después aclara que no puede haber otro fundamento que no sea Jesucristo, el cual es el fundamento que ya está puesto. Sí, tenemos que tener cuidado de perder la visión o de quitar la mirada de Jesús y ponerla en líderes humanos. El mayor problema de hacer esto es que estaríamos poniendo a estas personas como fundamento de nuestra vida, y muchas veces los humanos fallan y nos decepcionan, pero si el fundamento es Jesús no quitaremos nuestra mirada del premio aun cuando las circunstancias a nuestro alrededor o las personas, nos fallen.

Dando los primeros pasos

El primer paso en establecer el fundamento correcto en nuestras vidas es aceptar a Jesús como nuestro salvador. Una vez que tomamos esta decisión tenemos que inmediatamente empezar la construcción de nuestra vida cristiana. Ya aprendimos en el capítulo anterior como identificar y remover el terreno destructivo de nuestra vida.

Ese proceso es algo continuo porque como humanos imperfectos siempre vendrán a nuestra vida situaciones que nos afecten, queda de nosotros continuamente analizarnos y desechar lo que nos afecta. Pero durante ese proceso y especialmente al comienzo de nuestra nueva vida como cristianos tenemos que realmente establecer a Cristo en nuestra vida.

No basta con decir que ya lo aceptamos y somos salvos, tenemos que asegurarnos que nuestra vida va en armonía con lo que ahora somos,

Hijos de Dios. Tenemos que básicamente morir a nuestra voluntad y entregarla a Dios, para que Él pueda continuar y completar la obra en nosotros. Nuestra vida tiene que estar basada en el amor de Dios el cual fue demostrado magistralmente mediante Jesucristo.

Me viene a la memoria la dedicatoria que mi primo escribió en aquella primera Biblia que me regaló: **"Tito: Para ti con mucho amor de tu primo. Que a través de la Palabra de Dios, conozcas cada día más el carácter de Dios y el amor de Jesús por su pueblo. En Cristo, Joey."**

Hoy me doy cuenta de la importancia de estas palabras y el impacto que tuvieron en mi vida, también entiendo porque mi primo las escribió. Para establecer un fundamento en nuestra vida tenemos que conocerlo, tenemos que identificarnos con Él.

Y es aquí donde empezamos a cultivar nuestra madurez espiritual hasta llegar eventualmente a un nivel en el cual nos alimentemos del alimento sólido de la palabra. Pero tenemos que empezar con lo básico para así poder establecer la base de nuestro conocimiento y conocer cada día más de la sabiduría de Dios.

La manera más fácil de saber si nuestro fundamento es correcto o si nuestros mentores espirituales nos están ayudando a construir sobre el fundamento correcto es analizando todo a través de la Palabra de Dios. Para poder establecer el fundamento correcto tenemos que esforzarnos en conocer cada día más acerca de Jesús. Conocer el carácter de Dios y como demostró su gran amor por nosotros al entregar lo más preciado, su Hijo. La manera más sencilla de establecer a Jesús como nuestro fundamento es mediante el estudio de la Biblia. Es mediante la constante búsqueda de Dios que podremos ver la manera en que Él hace y termina la obra en nosotros.

Esto fue un punto clave en mi vida, debido a mi pasado religioso era importante para mi saber que había una verdad que encontrar en la Palabra de Dios. Recuerdan que les dije que el terreno de la duda e incredulidad estaba muy arraigado en mi vida, debido a mis creencias como testigo de Jehová.

Para mí era un terreno nuevo y ahora tenía que establecer realmente un fundamento correcto sobre el cual construir mi nueva vida. Mi fundamento anterior se había derrumbado por no estar establecido en la Palabra de Dios, por no tener a Jesús como fundamento principal. No solamente se había derrumbado aquel fundamento, toda mi vida o mi casa espiritual estaba en ruinas por causa del pecado, pero ahora Dios me daba una nueva oportunidad de empezar de nuevo. De poder sacar todo terreno destructivo y establecer a Jesús como un nuevo fundamento en mi vida.

Aunque yo tenía conocimiento de la Biblia, nunca me había esforzado por recibir una revelación de la palabra directamente de Dios, yo pensaba que eso solamente estaba reservado para los líderes que se llamaban ungidos y que eran parte de un cuerpo gobernante de aquella religión.

Lo más importante para mí en aquel momento era tomar la decisión de acercarme a Dios por medio del estudio de su palabra, por medio de la oración o comunicación con Él y por medio de asociarme con personas que amaran a Dios y me ayudaran a re-construir mi vida y establecer de nuevo mi relación con Dios.

Todo esto tiene un lugar importante en el proceso de construcción de tu vida, todo es parte de un rompecabezas que tenemos que completar. Yo tomé la decisión primeramente de examinar su palabra, y me dispuse a buscar la verdad del evangelio de Jesús. Fue así como tuve que confrontar verdades que para mí en un pasado eran absurdas y hasta ridículas, cosas que yo atacaba muy fuertemente cuando era testigo de Jehová.

Pero a medida que escudriñaba las escrituras, más me convencía de que Dios me estaba dirigiendo y me estaba revelando su palabra. Algo que mis padres me decían era que "la verdad es absoluta y no puede haber mentira en la verdad", no fue hasta este momento en que yo decidí buscar por mi propia cuenta y pedir la dirección de Dios mediante su palabra, que pude entender verdaderamente aquellas palabras.

Lamentablemente la religión muchas veces causa alejamiento de la verdad del evangelio, a la vez que sustituye el fundamento de Jesús por fundamentos basados en ideologías o legalismo. Aquí tendríamos que aplicar las palabras de Jesús registradas en Juan 8:32, Jesús dijo: "y conocerán la verdad, y la verdad los hará libres." Cuan ciertas son estas palabras, porque la verdad de Dios que está en Jesucristo es la única que nos libera de las mentiras y las ataduras de una religión, del pecado y de la muerte.

Muchos se sienten alejados de Dios, no creen que puedan tener una relación personal con Él, porque están atados a un mundo físico. Pero Dios está muy interesado en tener una relación de padre con nosotros. Él quiere relacionarse con nosotros de una manera real e íntima y para hacerlo nos ha dado su palabra para que le conozcamos.

El salmista lo expresa excelentemente al decir: **"Señor, tú me examinas, tú me conoces. Sabes cuando me siento y cuando me levanto; aun a la distancia me lees el pensamiento. Mis trajines y descansos los conoces; todos mis caminos te son familiares. No me llega aun la palabra a la lengua cuando tú, Señor, ya la sabes toda. Tu protección me envuelve por completo; me cubres con la palma de tu mano. Conocimiento tan maravilloso rebasa mi comprensión; tan sublime es que no puedo entenderlo." Salmos 139:1-6**

En esos primeros versículos de este Salmo tan sublime, se describe una gran verdad para nuestra vida. Si entendiéramos y aplicáramos el conocimiento que nos da el salmista, podríamos comprender la magnitud y cuán importante es nuestra relación con Dios.

Te recomiendo que sigas leyendo este Salmo para que comprendas así como lo hizo el salmista cuanto Dios se interesa en nosotros. Dios conoce todo de nosotros, cada paso que damos, cada palabra que expresamos aun antes de salir de nuestra boca y a la misma vez nos protege con su propia mano, y como dice el salmista nuestra mente humana no puede comprender la grandeza de esta verdad.

Cuando compartimos con Dios las cosas que hay en nuestro corazón y nuestra mente, nuestra relación con Él crecerá cada día más y se hará más profunda. Tenemos que comprender que Dios está con nosotros en todo momento, si entiendes esto se te hará más fácil rendir tu voluntad y aceptar la voluntad de Dios. Así nuestro fundamento se hará cada día más fuerte al dejar que sea Dios quien nos dirija, pero para eso tenemos que aprender a ser sensibles a la voz de Dios.

En mi caso, yo tuve que empezar a estar consciente de que Dios se interesaba en mí y de esa manera empecé a entender que Él está presente en todos mis asuntos, no podía verlo como un ser distante. Muchas veces es difícil ceder nuestra voluntad para que sea la voluntad de Dios la que gobierne en nuestra vida, pero es la única manera en la cual podremos implementar el fundamento de Jesús en nuestra vida.

En cada uno de nosotros debería existir un anhelo de estar en la presencia de Dios, un anhelo de una relación estrecha con nuestro Señor Jesús. Pero esto no viene automáticamente a nuestra vida, es algo que tenemos que cultivar por medio de dedicar tiempo a buscar de Él. Se requiere un esfuerzo de nuestra parte especialmente cuando estamos empezando nuestra vida como cristianos o si nos hemos alejado de nuestro Padre Celestial.

El Apóstol Pablo escribió lo siguiente: **"Por eso, de la manera que recibieron a Cristo Jesús como Señor, vivan ahora en él, arraigados y edificados en él, confirmados en la fe como se les enseño, y llenos de gratitud." Colosenses 2:6-7**. De nuevo el Apóstol nos insta a vivir en Jesús y claramente nos dice que tenemos que estar edificados en Jesús.

Tenemos que tener esto muy presente porque no deberíamos tener o tratar de establecer o edificar nuestra vida sobre cosas pasajeras. Cuando edificamos sobre Jesús, es una construcción permanente la cual no puede mover ninguna tormenta ni corrientes de este mundo.

Así como cuando construimos una casa física y nos aseguramos de que nuestro fundamento este fuerte y preparado para recibir las paredes y el techo, así tenemos que hacer con nuestra vida. El Apóstol Pablo nos dice que la obra que hagamos sobre el fundamento de Jesús, se mostrará tal cual es, pues el día de juicio la dejara al descubierto. Es interesante también notar que Pablo nos dice: **"El fuego la dará a conocer, y pondrá a prueba la calidad del trabajo de cada uno. Si lo que alguien ha construido permanece, recibirá su recompensa, pero si su obra es consumida por las llamas, el sufrirá perdida. Será salvo, pero como quien pasa por el fuego." 1 Corintios 3:13-15.**

Vemos en estas palabras que el asunto de edificar sobre el fundamento de Jesús va más allá de obtener salvación. Está directamente relacionado con la calidad de nuestra vida cristiana, con nuestras obras o la falta de ellas. Es por eso que es tiempo de salir del conformismo o la comodidad de saber que tenemos la salvación y pensar que eso es todo.

Es tiempo de edificar nuestras vidas para que seamos dignos de recibir el don de Dios, el cual es el Espíritu Santo. No queremos que cuando llegue el momento de presentarnos ante nuestro Padre Celestial, no hayamos hecho lo que él nos ha encomendado a hacer ahora aquí en la tierra.

Es en este momento cuando estamos estableciendo a Jesús como nuestro fundamento en el que tenemos que esforzarnos por conocer cada día más de la palabra pero con el anhelo de aprender las doctrinas básicas de la vida cristiana. A la misma vez que aprendemos las doctrinas básicas de la palabra estaremos reforzando nuestro fundamento como cristianos.

Es interesante ver que muchos hoy día no se esfuerzan por conocer las profundidades y misterios de la Palabra de Dios. Podríamos culpar a muchos líderes religiosos actuales los cuales han suavizado el evangelio de Cristo en un esfuerzo por hacerlo más atractivo a las personas. El problema de esto es que detiene el crecimiento de la persona y básicamente se puede quedar en el fundamento y nunca tener una vida plena en el ministerio, hasta el punto de no reconocer cual es el propósito de Dios para su vida.

Una situación similar sucedió en tiempos bíblicos, en la carta que se le escribió a los Hebreos, se nos describe un problema que existía entre ellos. En esta carta hay varios puntos que tenemos que considerar seriamente en esta etapa de construcción para tener éxito en nuestra propia vida.

La carta los Hebreos fue dirigida a un grupo de cristianos judíos, los cuales podríamos decir deberían haber sido maduros en la fe, habían pasado por persecución, habían tenido pruebas. Todo eso nos indicaría que estaban en una etapa avanzada en la construcción de su vida como cristianos, pero estos cristianos tenían un problema y hasta estaban cediendo a la tentación de volver al pasado.

La razón de esta carta es para establecer muy claro que la superioridad del cristianismo y animarlos a continuar en la fe. En esta carta se establece la superioridad de Jesús ante todos los pasados profetas, los cuales admiraban los judíos.

Esta carta nos aplica muy bien a nuestro día, especialmente cuando religiosos tratan de confundirnos y establecer un evangelio que no es basado en la Biblia o un evangelio adulterado o rebajado como cuando se adultera la leche con agua.

Ya que estamos hablando acerca de construir nuestra vida como casa espiritual o casa de Dios, vamos a ver que nos dice el escritor acerca de esto para entonces ver la importancia del fundamento. Lo que nos dice en el capítulo 3 debería realmente de despertarnos y motivarnos en este camino, dice: **"Porque toda casa tiene su constructor, pero el constructor de todo es Dios. Moisés fue fiel como siervo en toda la casa de Dios, para dar testimonio de lo que Dios diría en el futuro. Cristo, en cambio, es fiel como Hijo al frente de la casa de Dios. Y esa casa somos nosotros, con tal que mantengamos nuestra confianza y la esperanza que nos enorgullece." Hebreos 3:4-6**.

Que palabras tan poderosas, fíjate que primero establece el hecho de que toda casa tiene que ser construida, lo que deja a entender que se requiere un acto de parte de nosotros, un esfuerzo en construir nuestra casa espiritual. Pero nos dice que el constructor de todo es Dios, y eso es algo que tenemos que entender porque al final de cuentas toda la gloria es para Dios, el nos dirige y nos ayuda en nuestro camino, no estamos solos. Pero más interesante aun es la comparación entre Moisés y Jesús, y es aquí donde se establece la superioridad de Jesús.

Cuando analizamos y leemos la historia de Moisés, vemos que fue un siervo fiel de Dios, dice que fue fiel como siervo en toda la casa de Dios, la casa que está hablando aquí era la casa física o el templo físico en el cual sabemos que Moisés servía como sacerdote.

Pero entonces aquí es donde nos llega una revelación de lo que simboliza la casa de Dios hoy día, porque nos dice que en cambio ahora Cristo es el que es fiel como Hijo y está al frente o delante de la casa de Dios, con la gran diferencia que esa casa de Dios somos cada uno de nosotros.

Sí, tú y yo venimos a ser la casa de Dios y la misma presencia de Dios que se manifestaba en aquella casa física del tiempo de Moisés, se debe manifestar en nosotros. Pero no se va a manifestar si no entendemos la importancia de tener una casa digna de recibir a Dios y no dejamos que Cristo esté al frente o delante de nosotros como arquitecto espiritual dirigiendo nuestra vida y establecido como el fundamento sobre el cual vamos a construir el resto de nuestra vida.

Aquellos cristianos a los cuales se les escribió esta carta, no entendían la importancia ni podían captar el significado tan grande que esto tenía, me imagino que todavía veían sus sitios de adoración como el lugar donde Dios habitaba, pero ahora tenían que entender que era en ellos en los que la presencia de Dios se manifestaba. Más adelante consideraremos como atraer y llenarnos de la presencia de Dios, pero para eso necesitamos la casa, así que vamos paso por paso.

Cuando seguimos leyendo la carta a los Hebreos, y te recomiendo que la leas en su totalidad, entendemos uno de los problemas que impedían el crecimiento espiritual y el establecimiento de Jesús como fundamento de sus vidas. Lo interesante de este problema es que no era solo de los Hebreos, hoy día he visto personalmente como este problema afecta a tantos cristianos que muchas veces me pregunto porque no entienden o porque no captan la palabra y la ponen en práctica.

Pero gracias a Dios, el no me deja sin contestación, la palabra dice: **"Sobre este tema tenemos mucho que decir aunque es difícil explicarlo, porque a ustedes lo que les entra por un oído les sale por el otro." Hebreos 5:11.** Cuantas veces no hemos escuchado este refrán, especialmente cuando éramos niños, porque es una actitud clásica de un niño.

El no prestar atención, no importa cuántas veces se nos diga lo mismo. Ese era un problema en la vida de aquellos hebreos, estaban actuando como niños, y muchos de nosotros hacemos lo mismo cuando se trata de nuestra vida cristiana. El resultado de esto es desastroso porque no entramos en la profundidad de la palabra de Dios y nos quedamos en la orilla sin querer aprender más, muchas veces por temor y otras veces, tengo que decirlo, por vagancia o falta de interés.

No podemos pretender establecer a Jesús como el fundamento sobre el cual nuestra vida será erigida, si no nos esforzamos por leer y aprender más acerca de Él cada día. Te felicito por estar leyendo este libro, uno de los problemas mayores de nuestra sociedad es el "espíritu micro-ondas", queremos satisfacción instantánea.

No nos damos el tiempo de alimentar nuestra mente por medio de la lectura. Preferimos ver una película que nos presenta el punto de vista del productor acerca de la vida de Jesús, que actualmente agarrar la Biblia y leer los evangelios escritos por cuatro hombres que anduvieron con Jesús porque nos toma más tiempo y tenemos que usar nuestra imaginación.

Es triste pero es la verdad, y no estoy en contra de ver la película, pero sería más sabio ver lo que dice la palabra primero y después ver la película, de esta manera comparamos nuestra revelación de la palabra con lo que la película nos muestra.

Pero bien, eso fue solo una pequeña observación de nuestra sociedad actual. En el caso de los Hebreos, el problema era más serio. Es interesante observar que por el tiempo que aquellos cristianos tenían de ser cristianos, se esperaba mucho mas de ellos pero por alguna razón se habían quedado estancados, como un bote en la orilla del mar el cual no puede navegar libre hasta entrar en las profundidades del mar.

Se les dijo así: **"En realidad, a estas alturas ya deberían ser maestros, y sin embargo necesitan que alguien vuelva a enseñarles las verdades más elementales de la palabra de Dios. Dicho de otro modo, necesitan leche en vez de alimento sólido." Hebreos 5:12.**

En los versículos que siguen se explica para quien es la leche espiritual, es para los inexpertos en la palabra y para quien es el alimento sólido, **"para los que tienen la capacidad de distinguir entre lo bueno y lo malo, pues han ejercitado su facultad de percepción espiritual." Hebreos 5:13b.**

Ahora bien, tenemos que entender que cuando venimos a los caminos del Señor y especialmente en esta etapa de construcción de nuestra vida en la cual estamos estableciendo el fundamento, necesitamos lo básico de la palabra de Dios.

No hay nada malo en reconocer que somos bebes espirituales y alimentarnos de leche de la palabra. No podemos alimentar a un bebe con alimento sólido, pero va a llegar el momento en que crecemos espiritualmente y nos tendremos que alimentar de este alimento sólido.

Fíjate que el alimentarnos de alimento sólido requiere un ejercicio de nuestra facultad de percepción espiritual, la cual no podemos obtener sin antes conocer lo básico del evangelio de Jesús. Si no lo hacemos es como si estuviéramos construyendo una casa, pusiéramos el fundamento y no hiciéramos nada más, y viviéramos a la intemperie sobre un fundamento sin paredes y techo, sin ninguna protección.

Nos sucedería lo mismo que le estaba pasando a los hebreos, aun con el tiempo que llevaban en su vida cristiana, todavía estaban en el fundamento y ni siquiera lo tenían bien establecido o construido.

En esta etapa de construcción es cuando tenemos que aprender las doctrinas básicas del evangelio de Cristo. Estas doctrinas básicas establecen a Jesús porque están directamente relacionadas con la vida, muerte y resurrección de Jesús.

No tengo un censo o una estadística oficial disponible, pero sería interesante saber cuántos cristianos saben cuáles son estas doctrinas básicas de la palabra, la leche espiritual. Lamentablemente estoy seguro que la gran mayoría ni siquiera pueden mencionarlas, mucho menos explicarlas. Son doctrinas que tenemos que aprender sin miedo a no entenderlas, porque Dios nos da la sabiduría a medida que nosotros nos esforzamos por conocer cada día más de Él.

No voy a explicar cada una de estas doctrinas, simplemente voy a decirte cuales son y va a quedar de tu parte aprenderlas, mediante el estudio de la palabra. En esta etapa te recomiendo que busques no solo la dirección de Dios, sino también de una persona madura en la palabra para que te ayude a entenderlas. Busca libros acerca de ellas y verás como en poco tiempo obtendrás el conocimiento básico de la palabra.

En la carta a los Hebreos nos dice cuales son estas doctrinas: **"Por eso, dejando a un lado las enseñanzas elementales acerca de Cristo, avancemos hacia la madurez. No volvamos a poner los fundamentos, tales como el arrepentimiento de las obras que conducen a la muerte, la fe en Dios, la instrucción sobre bautismos, la imposición de las manos, la resurrección de los muertos y el juicio eterno." Hebreos 6:1-2.**

Estas seis doctrinas básicas de la palabra se les llama los fundamentos porque establecen a Jesús como el fundamento de nuestra casa espiritual.

Son enseñanzas basadas en el evangelio que Cristo presentó cuando vino a esta tierra y son las enseñanzas que en esta etapa de construcción nos ayudan a construir una base firme sobre la cual seguir nuestra construcción.

En este libro ya hemos considerado algunas de estas doctrinas, la primera es el arrepentimiento de pecados el cual nos lleva a reconocer que necesitamos a Jesús como nuestro mediador y Señor. También consideramos acerca de la fe en Dios y como ponerla en práctica. Es posible que consideremos otras de ellas a través del libro, pero me gustaría que buscaras más información acerca de estas doctrinas porque será para tu propio beneficio.

No seamos como los Hebreos, no nos quedemos alimentándonos de leche, sino que sigamos hacia un nivel espiritual aun mayor. Una vez que tengamos bien arraigadas estas doctrinas en nuestra mente y corazón, tendremos un cuadro más claro acerca de nuestro propósito como Hijos de Dios.

Cumpliendo el Propósito de Dios para ti

Algo que tenemos que entender en el proceso de construcción es que Dios nos ha puesto donde estamos con un propósito, tenemos un trabajo que cumplir. Pero Dios no nos ha dejado sin las herramientas necesarias para cumplir su propósito.

Es en esta etapa de construcción, cuando estamos estableciendo a Jesús como nuestro fundamento, cuando debemos buscar cual es el propósito de Dios para nuestras vida. Si lo hacemos de esa manera, no estaremos construyendo en vano, sino que haremos lo necesario para cumplir ese propósito.

Para mí este fue mi primer dilema, una vez comprendí la verdad del evangelio de Cristo y pude entregar mi vida a Jesús, me preguntaba que tenía que hacer ahora que todo en mi vida había dado un giro de 180 grados y me encaminaba a establecer una relación estrecha con Dios. Tuve que despojarme de mi vieja personalidad, despojarme de la vieja naturaleza que habla la palabra para poder empezar de nuevo. (Efesios 4:22-24)

En la vida de cada uno de nosotros llega un momento de decisión y te aseguro que la mejor decisión es darle a Jesús el lugar que le pertenece en nuestra vida. Yo no sé qué hubiera pasado con mi vida si Jesús no hubiera llegado en el momento apropiado, pero al principio yo no entendía el gran cambio que estaba ocurriendo en mi vida, simplemente decidí dejarme guiar por Dios. Entendía que Dios conocía mejor que yo lo que me convenía a mí como persona, por eso empecé a dejar que la voluntad de Dios fuera la que guiara mi vida.

Una vez que tenemos este hecho claro en nuestra mente podremos establecer un fundamento sobre el cual seguir trabajando en la construcción de nuestra vida porque tendremos una guía y dirección. No estaremos a la deriva pensando que quiere Dios de nosotros.

La Biblia está llena de ejemplos de personas que entendieron el propósito de Dios para sus vidas y en todo momento se esforzaron por cumplir ese propósito, el fundamento de su vida vino a ser Dios y se demostró por la manera en como vivieron sus vidas.

Un hombre del pasado que sabía muy bien para lo que fue llamado fue Salomón. Quiero usar el ejemplo de Salomón, porque él construyó el Templo de Dios, lo cual tipifica la construcción de nosotros como Templo de Dios hoy día.

Cuando analizamos el esfuerzo y la manera en que Salomón construyó aquel Templo para la adoración de Dios, podemos entender cuán importante es la construcción de nuestra vida como casa espiritual.

Salomón, hijo del Rey David, fue el primero de los reyes de Israel que tuvo el gran privilegio de construir un Templo permanente para la adoración de Dios. Su padre David, aunque había tenido el anhelo de construirlo, no se le permitió debido a que estuvo muy ocupado en guerras y por la cantidad de sangre que había derramado. Por esta razón Dios le prometió a David que su hijo Salomón tendría esta gran comisión de construir el Templo de Dios.

Esta historia se relata en el primer libro de los Reyes y también en el segundo libro de Crónicas. Ambos relatos nos describen con detalle los preparativos que tuvo que hacer Salomón para comenzar la obra, la organización con la que lo hizo y la calidad en la cual se esmero tanto en obtener durante la construcción del Templo.

Nosotros hoy día tenemos tanto que aprender de este relato y es importante que así lo hagamos por el significado que tiene este Templo en nuestras vidas. Primero tenemos que entender el propósito por el cual se construyó este Templo.

Cuando leemos el relato anterior a la construcción del templo, vemos que el pueblo de Israel no tenía un lugar específico ni digno en el cual adorar y ofrecer sacrificios a Dios. Se veían en la obligación de ir a templos paganos de otros dioses a ofrecer sacrificios a Jehová.

Ahora Salomón tenía la oportunidad de cumplir el sueño de su padre de construir un Templo para Dios y a la misma vez cumplir la promesa que Dios le había dado a su padre. El mismo rey Salomón iba a templos paganos a ofrecer sacrificios a Jehová, y en una de esas ocasiones se le aparece Dios y le dice a Salomón que pida lo que quisiera.

Fue en ese momento en el cual Salomón reconoció que era joven y necesitaba conocimiento para poder efectuar el trabajo que se le había encomendado como rey de Israel. Salomón pidió sabiduría, y Dios al ver que no pidió riquezas ni fama, junto con la sabiduría lo hizo el rey más conocido y rico de aquellos tiempos.

Ahora Salomón estaba en posición de cumplir con su propósito y construir aquel Templo para la adoración a Dios. Hoy día, cada uno de nosotros hemos recibido la autorización y el mandato de parte de Dios para construir nuestras vidas como Templo de Dios, como casa espiritual.

Salomón inmediatamente se dio a la tarea de planear y conseguir los mejores materiales para el Templo. Podemos leer de estos preparativos en el capítulo 6 de 1 Reyes y en el capítulo 2 de 2 Crónicas. Ambos relatos son similares y vemos como Salomón, inteligentemente utilizo las buenas relaciones que su padre había tenido con el rey Hiram de Tiro, para conseguir los mejores materiales, la mejor mano de obra y los mejores expertos en construcción para así poder completar aquella magnífica obra.

Es interesante notar cuantos detalles se tuvieron que organizar para la construcción del Templo, pero Salomón no estaba sin dirección. Cuando leemos un poco atrás, antes de la muerte de David, en el capítulo 28 del libro de primera de Crónicas, vemos como David le dio instrucciones específicas y le entregó los planos del Templo a Salomón.

Hay varias cosas que me impactaron de esta parte del relato y quiero compartirlas contigo porque revelan algo muy interesante acerca de cuan envuelto estuvo Dios en este proceso. En este relato vemos como David reúne a todos los jefes de Israel, en otras palabras a todos los que tenían autoridad y que trabajan junto con David para gobernar a Israel.

David empieza por explicarles el anhelo que el tenía de construir el Templo de Dios, pero les dice: **"Dios me dijo: "Tu no me construirás ningún templo, porque eres hombre de guerra y has derramado sangre." 1 Crónicas 28:3.** Sin embargo después les explica que Dios había escogido a Salomón para que construyera el templo.

David se estaba asegurando que aquellos líderes apoyaran a su hijo Salomón en aquel importante proyecto al presentar a su hijo como su sucesor y darle instrucciones específicas. Las palabras que David le dijo a su hijo Salomón, son palabras que nos aplican a cada uno de nosotros, palabras que nos deben ministrar y estimular a empezar y completar la obra de construcción de nuestras vidas.

Quiero que pongas mucha atención a estas palabras y te pongas en el lugar de Salomón, léelas como si fuera Dios, tu Padre Celestial que te las está diciendo a ti. **"Y tú, Salomón (puedes poner tu nombre aquí), hijo mío, reconoce al Dios de tu padre, y sírvele de todo corazón y con buena disposición, pues el Señor escudriña todo corazón y discierne todo pensamiento. Si lo buscas, te permitirá que lo encuentres; si lo abandonas, te rechazará para siempre. Ten presente que el Señor te ha escogido para que le edifiques un templo como santuario suyo. Así que ¡anímate y pon manos a la obra!"** 1 **Crónicas 28:9-10** (énfasis y paréntesis añadido por el autor).

Yo no sé si Dios te ha revelado en esas palabras lo que a mí me ha revelado. Pero para mí son palabras tan poderosas y ciertas, que aunque fueron escritas miles de años atrás, tienen un poder extraordinario para nosotros hoy día. Primeramente cuando entendemos que aquel templo que Salomón construiría tenía el propósito de recibir la presencia de Dios, era el lugar donde los israelitas llevarían sus sacrificios vez tras vez para el perdón de sus pecados.

Hoy día, al nosotros entender que Jesús se presento como sacrificio una vez y para siempre por nuestros pecados, la presencia de Dios no viene a morar en templos construidos por manos humanas, sino que viene a morar en cada uno de nosotros como templo de Dios o casa espiritual.

Entonces tenemos que apropiarnos de aquellas palabras que David le dijo a Salomón y aplicarlas a nuestra vida, entendiendo que Dios escudriña nuestros corazones y discierne todos nuestros pensamientos, si le buscamos, Él se deja encontrar pero si lo abandonamos, Él nos rechazará para siempre.

"¡Anímate y pon manos a la obra!"

Me puedo imaginar cómo se sintió Salomón, cuando delante de aquella asamblea de líderes, su padre lo declara como su sucesor y le da aquellas palabras de aliento. Lo interesante de esto es que David no dejó sin instrucciones a su hijo Salomón, dice la palabra: **"Luego David le entrego a Salomón el diseño del pórtico del templo, de sus edificios, de los almacenes, de las habitaciones superiores, de los cuartos interiores** y del lugar del propiciatorio. También le entrego el diseño de todo lo que había planeado para los atrios del templo del Señor, para los cuartos de alrededor, para los depósitos de las ofrendas sagradas." 1 Crónicas 28:11-12.

Sí, David le entrego a su hijo todos los detalles y planos para el templo, y cuando seguimos leyendo vemos que no solo le dio los diseños y planos, sino que le dio instrucciones específicas de todo detalle hasta lo más mínimo. No solamente le dio instrucciones, planos y detalles, también le dio abundante oro y plata para todos los utensilios que se deberían de utilizar en el templo.

Ahora bien, podríamos preguntarnos, si el templo era para la adoración de Dios, ¿cuán envuelto estuvo Dios en las decisiones, planos y diseños que David le entrego a Salomón? ¿Eran estas solo buenas ideas que tuvo David, las cuales Dios vio y aprobó para la construcción del templo?

Tenemos que conocer la respuesta a estas preguntas, porque podríamos pensar que Dios no estuvo envuelto en estos detalles y solamente se agradó de las ideas de David. Pero no fue así, la palabra nos dice: **"Todo esto—dijo David—ha sido escrito por revelación del Señor, para darme a conocer el diseño de las obras." 2 Crónicas 28:19.** Todo detalle, todas las instrucciones y todos los diseños o planos, fueron revelados a David de parte de Dios. Esto nos enseña que Dios es un Dios detallista que se preocupa por la manera en que se construye su templo.

Dios se preocupa de la manera en que nosotros construimos nuestra vida, sí, Dios está muy interesado y nos ha dado las instrucciones específicas, los diseños, los planos y cada mínimo detalle para que podamos completar la obra de construcción de nuestra vida como casa espiritual.

Hoy te digo a ti, como le dijo David a Salomón una vez más después de haberle dado todos estos detalles, **";Sé fuerte y valiente, y pon manos a la obra! No tengas miedo ni te desanimes, porque Dios el Señor, mi Dios, estará contigo. No te dejara ni te abandonara hasta que hayas terminado toda la obra del templo." 1 Crónicas 28:20.**

Apodérate de estas palabras, guárdalas en tu mente y corazón para que cuando venga una idea de desánimo o de abandonar el camino del Señor, tengas presente que Dios no te abandonara ni te dejará hasta que haya completado la obra que ha empezado en ti. Es tiempo de poner manos a la obra, es tiempo de decisión. Ya has determinado sacar el terreno malo de tu vida y traer terreno estable para construir el fundamento.

Ahora es tiempo de establecer ese fundamento en tu vida, reconociendo que no estás solo o sola en esta construcción, sino que Dios dirige cada paso de tu vida. Salomón no dudo en ningún momento que él había sido escogido para empezar y completar la obra de construcción del templo. Tan pronto tuvo la oportunidad escogió el lugar donde construiría el templo y estableció los fundamentos o cimientos de aquella obra.

Lo mismo tenemos que hacer nosotros, tenemos que ser determinados y reconocer el propósito de Dios para nuestras vidas, tenemos que continuar echando a un lado el desánimo y la angustia por cualquier problema que quiera detenernos.

Salomón sabía muy bien la importancia que tenía para Dios la calidad de los materiales que se utilizarían en el templo, y también sabía la importancia de un buen fundamento o cimientos para aquel templo. Una vez que se escogió el lugar de construcción, el cual había sido pre-escogido por su padre David, dice la palabra: **"Para echar los cimientos del templo, el rey mandó que sacaran de la cantera grandes bloques de piedra de la mejor calidad." 1 Reyes 5:17.**

Grandes bloques de piedra, no pequeños, no de un material débil o inestable, sino grandes bloques de piedra y no cualquier piedra, nos dice que eran de la mejor calidad. Interesante porque en aquel tiempo no existían códigos de construcción, pero existía la sabiduría de Dios y el sentido común, el cual lamentablemente muchos constructores ignoran hoy día.

Salomón quería estar seguro que aquel templo se construyera sobre el mejor fundamento, el estaba construyendo nada más y nada menos que la casa de Dios y quería estar seguro que fuera una construcción duradera. A medida que vayamos profundizando en nuestra construcción vamos a ver como cada detalle de la construcción del templo aplica a nuestra vida, aun hasta el tiempo que se tardo Salomón en construir el templo. Pero por ahora anímate y manos a la obra, establece el fundamento en tu vida.

El mismo Jesús, en el capítulo 21 de Mateo, después de enseñar la parábola de los labradores malvados, cita las palabras de David en el Salmo 118:22-23 y les dice a los líderes religiosos de su día: **"¿No han leído nunca en las Escrituras: "La piedra que desecharon los constructores ha llegado a ser la piedra angular; esto es obra del Señor, y nos deja maravillados"? Mateo 21:42.**

La piedra angular en los tiempos de Jesús, era la primera piedra de fundamento que se ponía, sobre la cual o apoyado en ella todo el edificio se alineaba en su sitio. Jesucristo y su mensaje fueron rechazados por los que supuestamente eran los encargados de construir la vida espiritual en aquel tiempo, hasta el punto de darle muerte.

Pero Jesús, resucitó y venció la muerte llegando a ser así nuestra piedra angular, la primera piedra de nuestro fundamento sobre la cual y apoyados en Él podemos construir nuestra vida como templo o casa espiritual. Jesús es la piedra de mejor calidad que podemos escoger sobre la cual continuar nuestra construcción. Seamos sabios y al igual que Salomón, ¡seamos fuertes y valientes, pongamos manos a la obra y continuemos construyendo nuestra casa espiritual!

Capítulo 5

Edificando el Piso de Nuestra Vida

Te preguntarás, ¿qué es el piso de mi vida? ¿Cómo aplica esto a mi vida espiritual? En una casa física necesitamos un piso sólido y firme para poder sostener nuestras paredes y techo. A la misma vez el piso nos provee una superficie para caminar, para descansar, para sostener todo lo que tenemos en la casa, etc.

En tu casa espiritual es importante también tener un piso firme. Una vez que entregamos nuestra vida a Jesús y lo recibimos como nuestro fundamento, necesitamos una base para continuar nuestro camino como cristianos. Es así como empezamos a construir nuestro piso espiritual o podemos llamarlo la base de nuestra vida como cristianos.

La vida del cristiano es un continuo viaje, es una carrera que tenemos que terminar. Es por eso que no podemos estancarnos o conformarnos con el hecho de que aceptamos a Jesús y tenemos salvación. Es importante continuar creciendo espiritualmente para no vivir una vida mediocre en el evangelio.

Nuestro piso espiritual o nuestra base para la vida cristiana, lo empezamos a construir cuando mantenemos una vida de oración, un continuo buscar de la presencia de Dios. También debemos tener un anhelo de buscar, leer y estudiar la Palabra de Dios. En otras palabras, toda persona que llega a los pies de Dios debe empezar una vida de oración y estudio.

No estoy hablando de nada complicado, Dios conoce las capacidades de cada persona y según la capacidad y conocimiento, así Dios nos ayuda a formar o a construir nuestro piso espiritual. No debemos sub-estimar la importancia de este paso en la construcción de nuestra casa espiritual. De este paso depende que seamos exitosos y tengamos al final una casa espiritual digna de recibir lo que Dios nos ha dado, que es nada más y nada menos que su mismo Espíritu Santo.

Nuestro piso espiritual está en continuo contacto con el fundamento de nuestra vida. De hecho, podríamos decir que es parte del fundamento, pero el piso no es el que sostiene nuestra casa espiritual, nuestra casa espiritual es sostenida por el fundamento el cual es Jesús.

El piso espiritual se relaciona más con proveer una base firme, limpia y digna para nuestra vida y para el trabajo que tenemos que hacer como cristianos. Cuando analizamos el código de construcción, vemos que los pisos de una casa proveen una superficie sólida, una superficie nivelada sobre la cual los ocupantes de la casa puedan andar.

Pero este no es el único requisito de los pisos, también son diseñados para acomodar o sostener todas las cargas que están adentro de la casa y tienen que ser capaces de transferir el peso de estas cargas a los elementos estructurales de la casa o al fundamento.

Especialmente si construimos una casa de varios niveles, es importante que los pisos estén construidos correctamente para evitar una tragedia. Hay otros detalles acerca de los pisos que quiero considerar pero vamos primeramente a aplicar estos detalles a la construcción de nuestros pisos espirituales.

Una base firme y nivelada

¿Cómo podemos aplicar este requisito en nuestra vida como casa espiritual? ¿Cuán importante es este paso para mi vida? Vamos a ver las repuestas a estas preguntas a la vez que aplicamos estos principios o códigos de construcción a nuestra construcción.

Es en este momento de la construcción de nuestra vida cuando tenemos que concentrarnos en adquirir un conocimiento mayor de la palabra de Dios, para así de esta manera empezar a conectar el fundamento que hemos escogido, el cual es Jesús y explicamos en el capitulo anterior, a nuestra vida de una manera total y completa. Es aquí cuando podemos esforzarnos por profundizar en la palabra y hacer una transición de la leche espiritual al alimento sólido de la palabra.

Este proceso de transición de la leche espiritual al alimento sólido, no es algo que se logra de la noche a la mañana. Pero una vez que hemos decidido construir nuestra vida sobre Jesús, ahora es el momento de anhelar más de su palabra, de lograr una relación de intimidad con nuestro Padre celestial.

La única manera de lograrlo es conociendo cada día más de Él, he aquí la importancia del estudio de la palabra con personas o mentores que te puedan ayudar a entender, pero es importante también pedirle al Espíritu Santo que te revele la palabra a ti como persona. Tampoco podemos dejar a un lado el reunirnos o congregarnos en una Iglesia en la cual sus enseñanzas estén basadas en la Biblia y en el evangelio de Jesús. Son herramientas que Dios nos ha dado para ayudarnos en la construcción de nuestro piso espiritual.

Muchos piensan que no es necesario ir a una Iglesia y reunirse para tener una buena relación con Dios. En parte podríamos decir que es cierto, pero vamos a ver los beneficios de reunirnos. Primeramente, tenemos que admitir que la salvación se obtiene por medio de aceptar que somos pecadores, arrepentirnos de corazón y aceptar a Jesucristo como nuestro señor y salvador el cual murió por nuestros pecados para darnos salvación.

Bueno, está bien, hacemos esto y tenemos salvación y ahora ¿qué? Ahora tenemos que edificar nuestra vida sobre Jesús, el cual nos ha dado la salvación. Tenemos que empezar a alimentarnos de la palabra, para así poder dar a otros lo que hemos recibido.

El propósito principal de crecer espiritualmente es para compartir a Jesús con otras personas para que ellas también pueden ser participes de la salvación que hemos recibido. No podemos hacer eso sino aprendemos más de la palabra o si nos encerramos en cuatro paredes y no compartimos lo que conocemos.

Algo muy importante que tenemos que reconocer es que no podemos esperar llegar a la Iglesia en forma de una rutina, esperando entrar en la presencia de Dios solamente cuando vamos a la Iglesia. Cada uno de nosotros somos la casa de Dios y es en nosotros que la presencia de Dios viene a morar, nosotros llevamos la presencia de Dios al edificio donde nos reunimos para adorar a Dios con otras personas para la edificación de la Iglesia, la cual son las personas, no un edificio construido por manos humanas. Más adelante en el libro, veremos cómo nos vamos a llenar de esa presencia divina para así hacer la voluntad de Dios.

Así como una casa física puede tener múltiples niveles de altura sobre los cuales residen los ocupantes, así nuestra vida como casa espiritual también tiene diferentes niveles. Vamos a referirnos a estos como niveles espirituales, los cuales adquirimos a medida que continuamos con la construcción de nuestra vida. Pero, lógicamente tenemos que empezar por el más importante de todos, el primer nivel o la primera plana de nuestra vida una vez que hemos aceptado a Jesús como nuestro fundamento.

Este primer piso es el más importante y no podemos continuar con otros niveles hasta completar el primer nivel, al igual que una casa física. Este primer nivel se construye por medio de empezar a adquirir conocimiento que se relacione con la relación que Dios quiera establecer contigo como persona. Es en este nivel que nos empezamos a conocer individualmente y personalmente como Hijos de Dios. Es cuando realmente conocemos el propósito y la visión de Dios para nuestra vida.

La lectura de la Biblia es una herramienta indispensable en este nivel, en este nivel, personalmente recomiendo estudiar los evangelios escritos por los Apóstoles Mateo, Marcos, Lucas y Juan. La razón para esto es que tenemos que empezar por conocer la personalidad de nuestro fundamento, y quien mejor para ayudarnos en esto que conocer y leer directamente de cuatro de las personas que estuvieron cara a cara con Jesús, y que aprendieron directamente de Jesús.

En este nivel de nuestro piso espiritual, la lectura de la palabra es esencial pero no debe convertirse como una tarea ardua, es algo que debes disfrutar. Lamentablemente nuestro mayor enemigo, Satanás, sabe muy bien que el adquirir conocimiento de la palabra de Dios, nos libera y eventualmente nos eleva a otro nivel u otro piso espiritual.

Por supuesto que él no quiere esto para nosotros, a él le conviene que nos quedemos viviendo en un piso de tierra y que nunca completemos la construcción de nuestra vida sobre Jesús, porque de esta manera seremos cristianos débiles en el evangelio.

Por motivo de esto, te vas a dar cuenta que mientras más te esfuerces por conocer de Dios, más distracciones y cosas en las cuales ocupar tu tiempo aparecerán cada día. Es en ese momento en el cual tienes que decidir la importancia que tiene construir tu vida versus distraerte y quedarte en un piso de tierra, un piso sucio y desnivelado el cual no te dará una base firme para continuar.

En mi vida personal, este fue un paso muy importante porque aunque yo había estado en una religión por 25 años y tenía conocimiento de la palabra, nunca había leído la palabra buscando una revelación personal de la palabra hacia mi vida directamente de Dios. Mi anhelo principal era conocer la personalidad de Jesús y como ahora yo podría reflejar esa personalidad en mi vida.

Empecé por leer los evangelios y mientras más estudiaba, mas me sorprendía de las cosas que estaba aprendiendo, especialmente porque yo las había leído antes, pero no fue hasta este momento en el que el

Espíritu Santo abrió mis ojos espirituales, que pude realmente entender la magnitud de lo que hizo Jesús y de lo que Jesús impartió a sus discípulos y a nosotros hoy día.

No fue hasta este momento en que pude comprender quien es el Espíritu Santo y su función con nosotros. Y fue así como pude construir mi primer nivel o mi primer piso espiritual el cual me sirvió como base y creó un anhelo en mi vida de conocer cada día más de las maravillas que Dios nos revela en su palabra.

"Toda la Escritura es inspirada por Dios y útil para enseñar, para reprender, para corregir y para instruir en la justicia, a fin de que el siervo de Dios esté enteramente capacitado para toda buena obra." 2 Timoteo 3:16.

Cuan ciertas vinieron a ser estas palabras en mi vida y especialmente en aquel momento de mi primer nivel espiritual. Algo que comprendí es que Dios me hablaba por medio de su palabra, su palabra se hacía real y viva cada vez que yo la estudiaba, y será así en tu caso también.

El conocimiento y la sabiduría que se encuentran en la Palabra de Dios son tan grandes que nuestra mente humana nunca llegará a comprender y captarlos en su totalidad. Pero lo interesante de esto es que la Biblia contiene respuestas para cada situación a la que te enfrentes en tu vida, es por eso que es el mejor material para construir nuestro piso espiritual.

Durante esta y todas las etapas de construcción, la comunicación diaria con tu Padre Celestial es lo más importante. Esta comunicación se obtiene por medio de la oración y de sacar un tiempo de intimidad con nuestro Dios. Para muchos este es un paso muy difícil, porque nunca han hablado con alguien a quien no ven, pero tienes que entender que Dios está presente y esperando tu llamada.

La comunicación con Dios debe ser una conversación, no un monólogo, es bueno que cuando oramos también callemos y escuchemos lo que Dios pone en tu corazón y mente, es así como nos hacemos sensibles a la voz de Dios. Ahora bien, esto se adquiere si realmente anhelamos escuchar de parte de Dios y estamos dispuestos a hacer su voluntad.

Muchos dicen que no saben como orar, pues bien mientras lees el evangelio de Mateo, en el capítulo 6, el mismo Jesús nos da instrucciones de cómo orar. Una de las instrucciones básicas que Jesús nos da, las cuales son muy importantes en este nivel, se encuentran en los versículos 6 al 8, dice Jesús: **"Pero tú, cuando te pongas a orar, entra en tu cuarto, cierra la puerta y ora a tu Padre, que está en lo secreto. Así tu Padre, que ve lo que se hace en secreto, te recompensará. Y al orar, no hablen sólo por hablar como hacen los gentiles, porque ellos se imaginan que serán escuchados por sus muchas palabras. No sean como ellos, porque su Padre sabe lo que ustedes necesitan antes de que se lo pidan."**

Después de estas palabras Jesús les da un ejemplo de una oración, la cual es muy conocida como la oración del Padre Nuestro. Jesús nos da el ejemplo de la oración del Padre Nuestro como una guía de cómo dirigirnos a nuestro Dios, no lo hizo para que repitiéramos esa oración palabra por palabra, de hecho si lees el contexto verás como Jesús condena la repetición.

El punto importante de estas instrucciones que Jesús nos da, está en la importancia de buscar la intimidad con nuestro Padre, en nuestro lugar privado. Este paso es esencial en esta etapa de construcción y no es algo que deba ser intimidante o difícil. Habla con Dios de una manera natural, dile tus inquietudes, exprésale cuanto le amas y deseas conocer de Él.

Es en este momento que le puedes pedir a Dios que ponga en ti un deseo de aprender y amor por su Palabra. Empieza a crear una costumbre de consultar a Dios en todo lo que hagas, pide su guía y dirección aun en las cosas más mínimas y verás como Dios comienza a dirigir tu vida en todo paso que des. Así verás que será mucho más fácil construir tu primer piso o nivel espiritual.

Transfiriendo el peso de nuestras cargas

Otro de los propósitos y funciones del piso físico es de transferir el peso de las cargas o de la estructura hacia el fundamento de la casa. Cuando analizaba esta función pude ver claramente cómo aplicar esta función a nuestra casa espiritual.

Es en esta etapa de construcción cuando empezamos a descansar en Jesús, cuando finalmente nos damos cuenta y reconocemos que las cargas de la vida y los problemas no son pesados si nos apoyamos y arrojamos nuestras cargas sobre Dios.

Cuan ciertas son las palabras del salmista registradas en el Salmo 55:22 cuando dice: **"Encomienda al Señor tus afanes, y él te sostendrá; no permitirá que el justo caiga y quede abatido para siempre."** El propósito principal de adquirir conocimiento de la palabra y de buscar la intimidad con Dios en la construcción de nuestro piso espiritual, es el de tener una base en nuestra vida que nos permita reconocer la necesidad que tenemos de Dios en todo asunto de nuestra vida.

Es en este momento cuando construimos nuestro primer piso espiritual o nuestro primer nivel, que todas nuestras cargas y afanes vienen a descansar en nuestro fundamento el cual es Jesús. El mismo Jesús nos dice: **"Vengan a mí todos ustedes que están cansados y agobiados, y yo les daré descanso. Carguen con mi yugo y aprendan de mí, pues yo soy apacible y humilde de corazón, y encontraran descanso para su alma. Porque mi yugo es suave y mi carga es liviana."** Mateo 11:28-30.

Es por esta invitación que debemos reconocer que Jesús es el fundamento perfecto y esforzarnos por conocer cada día más de Él. Fíjate que la invitación que Jesús nos hace es que vayamos a Él, que carguemos con su yugo y lo más importante que aprendamos de Él, es así como nuestra carga y nuestros afanes se harán ligeros porque a medida que construimos nuestro piso transferimos el peso de nuestras cargas en Jesús.

Cuando verdaderamente nos esforzamos por conocer más de la palabra y desarrollamos cada día más la intimidad con Dios, nos damos cuenta que las situaciones que enfrentamos día a día ya no son tan difíciles. Poco a poco empezamos a ver las cosas desde el punto de vista de Dios, el punto de vista espiritual, y aunque vamos a seguir teniendo problemas mientras vivamos en este mundo, cuando vemos las cosas desde el punto de vista de Dios te aseguro que todo asunto se pasa mucho más fácil.

Una de las cosas más importantes es que mientras más conocemos la personalidad de Jesús, nosotros mismos reflejaremos a Jesús en nuestra vida y la gente se dará cuenta que hay algo diferente en nosotros. Tenemos que entender que de ahora en adelante nuestra vida descansará en este primer nivel espiritual el cual transmite el peso de nuestras cargas y afanes diarios a Cristo Jesús, nuestro fundamento.

Para la construcción de nuestro primer nivel o piso espiritual es importante no solamente adquirir conocimiento sino también ponerlo en práctica en nuestra vida. Es en este nivel espiritual cuando empezamos a reflejar la personalidad de Jesús en nuestra vida diaria. Es cuando las personas que nos rodean se dan cuenta del gran cambio que ha surgido en nosotros, si verdaderamente nos estamos esforzando por construir nuestra casa espiritual.

Es algo que no podemos esconder, es una casa que viene a ser manifiesta porque cambia nuestras actitudes y acciones. Muchas veces es difícil ver o visualizar la construcción de una casa física cuando solamente se ha movido el terreno o cuando solamente se ha puesto el fundamento, pero cuando se construye el primer piso es cuando podemos empezar a ver qué clase de casa se construirá. Una vez que se construye el primer piso, se puede ver cuán grande será la casa y lo mismo pasa con nuestra casa espiritual. Es en este primer nivel espiritual cuando decidimos que clase de cristianos vamos a ser, por eso tenemos que construir nuestro primer piso con materiales de la mejor calidad.

Personalmente reconozco la Biblia como la principal fuente de conocimiento y nuestra mejor herramienta para construir nuestra vida.

Pero también es importante la lectura de libros escritos por hombres y mujeres de Dios, los cuales Él está utilizando en estos tiempos para impartir conocimiento a su pueblo.

Es importante utilizar una diversidad de materiales y todas las herramientas que Dios ha hecho disponible a nosotros hoy día. El hecho de que estés leyendo este libro es un gran paso y lo considero una guía práctica para la construcción de tu vida como casa espiritual.

Te diré que algo que me ha ayudado en la construcción de mi casa espiritual ha sido el amor por la lectura. Primeramente la lectura de la Biblia, en la cual recibo palabra reveladora de parte de Dios y su Espíritu Santo y también libros que traten de temas edificantes y los cuales me han ayudado a profundizar más en la Palabra de Dios.

Una vez que construimos nuestro primer nivel espiritual, es tiempo de decidir cuántos niveles queremos en nuestra vida. Digo esto porque he visto como muchos cristianos han decidido parar de construir su casa espiritual una vez que han alcanzado este nivel de espiritualidad en el cual reconocen a Jesús como fundamento, hasta cierto punto han adquirido conocimiento y consideran que tienen cierta intimidad con Dios.

Reconocen a Dios como su proveedor y podríamos decir que confían en Dios y descansan en Él. Pero han entrado en lo que yo llamo "la zona cómoda" o un conformismo el cual los mantiene limitados en sus logros espirituales. Si reconoces que estas en esta situación, aun no es tarde para agarrar los planos y las herramientas y continuar construyendo tu casa espiritual. Dios nos está llamando a reconocer que Él quiere más de nosotros y Dios mismo nos ayudara en cada paso que demos a medida que crecemos espiritualmente.

Algo importante que tenemos que reconocer, es que a medida que adelantemos la construcción de nuestra vida y profundicemos en el conocimiento e intimidad con Dios, Él nos mostrará claramente nuestro propósito y más importante aún, nuestro ministerio.

Es importante conocer esto temprano en nuestra vida como cristianos porque de esta manera estaremos construyendo nuestra vida de acuerdo a la voluntad de Dios y en torno a nuestro propósito o ministerio.

En mis años como inspector de edificios, he visto muchas veces como personas han empezado una construcción sin un plan específico o aun teniendo un plan, no han estado seguros de si eso es verdaderamente lo que quieren construir.

Muchas veces, una vez que ven la construcción terminada se dan cuenta de que no les gusta lo que han construido y han tenido que aprender a aceptarlo o en el caso de gente de dinero, destruirlo y empezar de nuevo. Esto pasa muy frecuentemente con los detalles tanto exteriores o interiores de una casa, y la mayoría de las veces es por falta de planificación. Nosotros no podemos darnos el lujo de andar sin dirección en nuestra vida, tenemos que definir específicamente que o quien queremos ser en nuestra vida cristiana.

Mientras te dedicas a construir tu primer piso o nivel espiritual, Dios te irá mostrando por medio de su palabra, por medio de sueños, visiones y muchas veces por medio de palabra profética dada a través de sus siervos, lo que Él quiere de ti y para ti. De esta manera completarás tu primer nivel y estará bien reforzado para recibir el resto de tu casa espiritual.

No te puedes detener aquí, tienes que entender que hay mucho mas por construir, este piso bien reforzado y bien construido ahora estará preparado para recibir tus paredes espirituales, tus otros pisos o niveles de tu casa espiritual, tu techo o cobertura espiritual, y todo fundamentado en nuestro Señor Jesús.

Como te dije al principio de este libro, es un proceso y al igual que Salomón, pasaremos por este proceso para completar el Templo de Dios en nosotros y recibir su gloriosa presencia en nuestra vida.

En esta etapa de construcción es cuando tienes un encuentro fresco con Dios. Es cuando te das cuenta que Dios tiene el control de tu vida y empiezas a confiar en Dios para todo lo que haces. Es como si empezaras a descansar en Dios y de esta manera las circunstancias a tu alrededor, aunque se vean negativas, ya no te afectan ni te deprimen como antes lo hacían. Es también en este momento en el cual Dios te pide un compromiso con Él y con su palabra.

Como lo hizo Salomón

Salomón reconoció la importancia de este paso durante la construcción del templo de Dios. Él siguió paso por paso las instrucciones que le dio su padre David, las cuales ya aprendimos que habían sido inspiradas por Dios. El capítulo seis del primer libro de Reyes nos da una descripción detallada de cada paso en la construcción del templo.

En los primeros 5 versículos nos relata el momento en el cual Salomón empezó la construcción del templo y empieza a darnos las medidas de aquel templo el cual sería muy impresionante. Algo que me llama la atención acerca de la construcción del templo es la cantidad de detalles que se realizaron durante la construcción. Salomón primeramente no escatimo en gastos y uso los mejores materiales de su tiempo.

Me gustaría que sacaras un tiempo para leer ese capítulo del libro de 1 Reyes. En los versículos 2 y 3 nos da las medidas del templo y del vestíbulo de la nave central del templo. Nos describe en gran detalle la manera como Salomón dirigió la obra de construcción y como siguió todas las instrucciones que su padre le había dado para esta construcción.

Dice en el versículo 5 que Salomón le construyó anexos alrededor del templo los cuales estaban apoyados a las paredes del templo y en el versículo 6 nos dice: **"El piso inferior del anexo medía dos metros con veinticinco centímetros de ancho; el piso intermedio, dos metros con setenta centímetros, y el piso más alto, tres metros con quince centímetros. Salomón había mandado hacer salientes en el exterior del templo para que las vigas no se empotraran en la pared misma."** 1 Reyes 6:6.

Me sorprende el hecho de ver que Salomón mandó a hacer salientes, en otras palabras soportes que salían de las paredes para que la estructura de aquellos pisos no debilitaran las paredes del templo sino que el peso se transfiriera al fundamento. Estos pisos o anexos que construyó Salomón estaban alrededor del templo principal donde estaría la presencia de Dios misma.

Reconociendo que este templo tipifica nuestra vida hoy día, ya que nosotros somos ahora el templo de Dios, podemos ver la importancia de alcanzar nuevos niveles espirituales los cuales se apoyan en la presencia de Dios en nuestra vida por medio de su Espíritu Santo, pero que a la misma vez se sostienen en Jesús como nuestro fundamento.

En otras palabras es importante que estemos atentos a la dirección de Dios en nuestra vida, nuestros logros y nuestro crecimiento deben de estar de acuerdo con la voluntad de Dios. De esta manera estaremos construyendo nuestra casa espiritual como lo hizo Salomón, con sabiduría y conocimiento de que dependemos de Dios y que su presencia debe ser el centro de nuestra vida.

Debemos preocuparnos de estos detalles durante la construcción de nuestra vida tal y como lo hizo Salomón mientras construía el templo. El reconoció la importancia de lo que estaba haciendo y se aseguró de hacerlo con excelencia.

Dice la palabra: **"Además, recubrió de oro los pisos de los cuartos interiores y exteriores del templo." 1 Reyes 6:30.** Vemos que una vez terminó de construir los pisos también se ocupo de las terminaciones o de cómo se presentarían estos pisos. Recuerda en todo momento aplicar esto a tu vida, en otras palabras a los diferentes niveles espirituales.

Tenemos que estar seguros de la manera que cubrimos cada nivel o piso espiritual que alcanzamos y es aquí la importancia del oro. Salomón utilizó lo mejor y el oro lleva el significado bíblico de pureza, santidad, calidad de vida, realeza y algo separado para Dios.

Así como hizo Salomón, nosotros también debemos cubrir nuestros pisos espirituales con oro a la vez que nos esforzamos por llevar una vida pura y en santidad. Reconociendo que somos hijos de Dios y por consiguiente somos parte de la realeza y separados para Dios. Al hacerlo de esta manera mejoraremos nuestra calidad de vida, como puedes ver todo está conectado pero queda de nosotros hacerlo trabajar en nuestra vida.

Salomón tardó siete años en terminar el templo de Dios, no podemos nosotros esperar construir nuestros pisos o niveles espirituales en un periodo corto de tiempo, durante un retiro de fin de semana o ni siquiera dedicando un tiempo esporádico a la búsqueda de Dios. Es algo que construimos durante toda nuestra vida.

Para terminar este capítulo te voy a dar cinco claves o herramientas que tienes que utilizar en esta etapa de construcción:

1. Buscar la manera de pasar periodos largos de tiempo delante del Señor. Esto no es una obligación ni una pérdida de tiempo, es una inversión que traerá resultados inimaginables y sobrenaturales a tu vida. El Salmo 23:3 dice que al hacer esto el Señor te **"infunde nuevas fuerzas."** Así es, el pasar tiempo en la presencia de Dios, te restaura y te renueva. Hace poco leí algo que me impactó y fue lo siguiente: "pasar horas con Dios, dará resultados poderosos sobre los hombres en cuestión de minutos." Eso es una realidad, mientras más nos dediquemos a buscar la presencia de Dios, veremos como Dios actúa en nuestra vida en cuestión de minutos cuando le necesitemos.

2. Que en tu vida haya un compromiso con la Palabra de Dios. El Salmo 19:7 dice: **"La ley del Señor es perfecta: infunde nuevo aliento. El mandato del Señor es digno de confianza: da sabiduría al sencillo."** Fíjate que dije: "compromiso con la Palabra de Dios", no con una religión y la diferencia está en lo dice el salmista, es la Palabra de Dios la que es perfecta y nos da nuevo aliento. Cuando te sientas cansado de construir, busca el refrigerio de la Palabra y verás como Dios te motiva a seguir en el camino.

3. Esfuérzate por vivir una vida limpia ante los ojos de Dios. El Apóstol Pablo le dijo a su discípulo Timoteo: **"Si alguien se mantiene limpio, llegará a ser un vaso noble, santificado, útil para el Señor y preparado para toda obra buena" 2 Timoteo 2:21.** Cuando mantenemos una vida limpia es como si estuviéramos cubriendo de oro nuestros pisos o niveles espirituales. También el Señor nos considerara útiles y preparados para su obra.

4. Anhela y busca la Llenura del Espíritu Santo. Es aquí cuando reconoces que la vida cristiana está basada en lo sobrenatural. Es muy difícil hacer la obra espiritual que Dios nos ha mandado utilizando los recursos de la carne. Cuando dejamos que el Espíritu Santo nos llene y nos guíe, estaremos permitiendo que Jesús ministre y trabaje a través de nosotros mientras nosotros permanecemos en Él.

5. Esfuérzate por llevar una vida de integridad y autenticidad. Ser auténtico en estos tiempos en que vivimos parecería difícil, todo el mundo tiene un personaje ideal al cual imitar. Pero nosotros como cristianos, tenemos que ser auténticos, la gente está buscando personas auténticas a quien seguir, no perfectas. Así que si queremos ser líderes en la obra de Dios también tenemos que tener integridad, que significa que somos los mismos tanto en público como en privado. Nuestro deseo de crecer espiritualmente debe estar basado en un amor genuino a Dios y a su palabra, no al reconocimiento ni a las posiciones.

Si aplicas estos principios en esta etapa de construcción de tu vida, tendrás éxito en la construcción de tus pisos o niveles espirituales. Pero recuerda la importancia de ser constantes en lo que hacemos y en las determinaciones que tomamos. De esta manera estaremos recubriendo con oro nuestros niveles espirituales, tal y como lo hizo Salomón con los pisos del templo. Ahora es tiempo de construir nuestras paredes espirituales, no pares aquí, sigamos construyendo nuestra casa espiritual.

Capítulo 6

Edificando las Paredes Espirituales

Ha llegado un momento interesante en la construcción de nuestra vida. Mientras nos dedicamos a construir niveles o pisos espirituales, tenemos que empezar a construir las paredes de nuestra vida como casa espiritual.

Para muchos el hablar de paredes puede parecer algo negativo porque lo relacionan con un bloqueo o algo que nos detiene y no nos deja avanzar, pero vamos a analizarlo y ver de que provecho nos son las paredes y como evitar crear paredes negativas en nuestra vida.

En una casa física, las paredes cumplen ciertas funciones y vamos a ver cada una de ellas aplicándolas a nuestra vida espiritual. Una de las funciones de las paredes es la de proteger el interior y a los ocupantes de la casa de elementos externos. Podríamos decir que las paredes físicas mantienen lo malo afuera y lo bueno adentro.

Otra de las funciones de las paredes en una casa es la de sostener los niveles más altos de la casa, en el caso de que hablemos de una casa multi-niveles, y a la vez que sostienen los pisos superiores también transfieren el peso o la carga hasta el fundamento.

La siguiente función de las paredes es una muy importante y es la de sostener el techo de la casa o la cobertura de la casa. Cuando estudiaba estos puntos empecé a ver la relación que tiene cada una de estas funciones de las paredes físicas con las paredes que nosotros tenemos que construir en nuestra vida.

Un detalle que no se nos puede escapar es que en las paredes hay diferentes componentes que tenemos que analizar, en las paredes hay ventanas y puertas, y vamos a ver el efecto que tienen estos componentes en las paredes y como aplicarlo a nuestra vida. Espero haber despertado tu curiosidad en cuanto a cómo aplicar estos detalles a la construcción de nuestra vida.

Levantando nuestra casa

A través de nuestra vida, debido a todas las experiencias vividas, todos nosotros hemos construido paredes alrededor nuestro. Estas paredes no las vemos, son espirituales o invisibles y están directamente relacionadas con nuestra actitudes, con nuestra manera de responder a las diferentes situaciones que enfrentamos en nuestra vida.

También están ligadas a la manera en cómo nos presentamos y nos comunicamos con otras personas, o podríamos decir que dirigen nuestras relaciones personales. Muchas de estas paredes, son paredes negativas y que causan daño a nosotros y a las personas que nos rodean.

Para poder seguir adelante en la construcción de nuestra vida como casa espiritual, tenemos que primeramente identificar qué clase de paredes hemos construido hasta ahora. Es importante que reconozcamos si estas paredes son negativas y el porqué las hemos construido.

Una vez que hagamos esto, tenemos que derrumbar cualquier pared que vaya en contra del propósito de Dios para tu vida. Estas paredes han sido construidas sin ningún fundamento o sobre un fundamento débil el cual no ha sido Jesús. Debes entender que si continuas construyendo tu vida sobre estas paredes, tu casa o tu vida se va a derrumbar.

Muchas de estas paredes que has construido te han dado un sentido falso de protección, en vez de protegerte, te exponen a los ataques de Satanás. Digo esto porque la mayoría de nosotros antes de conocer a Jesús, nos sentíamos auto-suficientes y pensábamos que nosotros teníamos la fuerza para seguir hacia adelante sin ninguna ayuda. Creamos paredes u obstáculos para cerrar el camino a situaciones que nosotros pensábamos que no eran saludables a nuestra vida.

De esta manera creamos una vida llena de apariencias vanas y falsas, las cuales nos presentaban como personas felices pero por dentro nunca llenábamos el vacío tan grande que existía. Uno de los problemas más serios de estas paredes, es que muchas veces rechazamos la ayuda que otras personas nos querían dar, personas que Dios había puesto en nuestro camino y se habían dado cuenta de que en nosotros existía una casa vacía y en ruinas.

No todas las paredes que hemos construido en nuestra vida antes de llegar a los caminos del Señor son negativas o dañinas. Cuando analizaba mi vida, me di cuenta que en todo el tiempo que pase en la religión, tuve la oportunidad de construir paredes en mi vida que me mantuvieron alejado de lo que el mundo ofrecía y por consiguiente pude llevar una vida limpia.

Lo más probable es que cuando miras atrás a tu vida pasada, puedes ver muchas cosas positivas en tu vida las cuales han formado la persona que eres hoy. Ahora los que nos queda hacer con estas paredes es ponerlas en el fundamento correcto que es Jesús, y si te han ayudado hasta ahora es importante que reconozcas que Dios tenía un propósito contigo desde antes de tu nacer y Él acomodó las situaciones para que ahora cumplas su propósito.

Pero lamentablemente cuando estábamos sin la guía de Dios, construimos paredes que ahora tenemos que derrumbar. Las razones por las cuales hemos construido estas paredes son muchas, pero una de las más comunes es porque tuvimos una experiencia negativa en algún momento de nuestra vida con algo o alguien y en respuesta a estas experiencias hemos puesto un muro de defensa para evitar pasar otra vez por la misma situación.

En cierta manera podríamos decir que te han dado resultado, el problema es que debido a estos muros de defensa que hemos puesto en nuestra vida, nosotros mismos nos hemos cerrado la puerta o el acceso a nuevas oportunidades de bendición. Hemos hecho esto pensando que es mejor no arriesgarnos y que estamos bien como estamos.

Por ejemplo, una de las razones más comunes por las cuales no le damos la oportunidad a Dios de obrar en nuestra vida, es porque tuvimos una experiencia negativa con la religión. Eso fue lo que pasó en mi vida, debido a pasar tantos años en una religión y vivir bajo el legalismo y reglas de aquella religión. Cuando abandoné la religión y me fui a gozarme del mundo, yo mismo construí una barrera para mantenerme alejado de cualquier cosa que tuviera que ver con Dios.

Al construir estas paredes, yo me estaba encerrando en mi mundo el cual yo consideraba que era mi protección de aquello que tanto daño espiritual me había causado. He visto como muchas personas han pasado por esto, a veces buscando en el Internet a grupos de personas que han salido de la religión, veo como muchos están encerrados entre esas paredes de protección y han desechado toda idea de sus vidas acerca de Dios, hasta el punto de rechazar su palabra.

Ahora mirando atrás, al tiempo en que estuve alejado de los caminos de Dios, me doy cuenta cuantas veces Dios estuvo obrando en mi vida. Me doy cuenta de cuantas veces me salvo de la muerte y cuantas oportunidades me dio de volverme a Él de la manera correcta.

Pero debido a estas paredes que yo había construido, yo no lo veía así en aquellos momentos, tenía en frente mío, paredes sólidas que no me dejaban ver lo que Dios quería hacer en mi vida y también evitaban que otros entraran a mi vida para mostrarme lo que Dios tenía para mí. Pero entonces paso lo inevitable, mis paredes estaban construidas en mi fundamento, era mi pequeño mundo en el cual yo me sentía indestructible.

Cuando vino la tormenta y caí al punto más bajo de mi vida, todo se derrumbó, no había fundamento, no había pisos, no quedo pared en pie y quede expuesto sin ninguna protección. Es en ese momento, cuando sientes que todo a tu alrededor se derrumba y te das cuenta de que todo lo que has hecho no vale la pena, cuando entonces no tienes más remedio que decir "Dios no puedo más, toma tu el control."

Cuando te sucede lo que a mí me sucedió en ese momento, todas tus supuestas defensas se derrumban y es un momento peligroso porque si no reconoces la necesidad que tienes de Dios en este momento, puedes pensar que nada vale la pena. Si estas pasando por ese momento, lo único que te puedo recomendar es que hagas lo que yo hice.

Aún cuando mi principal defensa era en contra de todo lo que tuviera que ver con Dios, abrí mi corazón y me di una oportunidad más de tener una relación estrecha con Dios. Cuando estás en esa situación, lo único que funciona es la oración, es tu comunicación con Dios.

Tienes que hablar con Dios como si estuvieras hablando con un padre amoroso, porque eso es lo que Él es para nosotros. Dile lo que estas pasando, aunque Él lo sabe, pero quiere que tú te expreses y reconozcas la necesidad que tienes de que Jesús entre en tu corazón. Sabes que lo mejor de todo, es que Dios ha estado esperando ese momento en el que tú vengas a sus brazos para el darte el consuelo que necesitas mediante su Espíritu Santo.

Hay una promesa que nos hizo Jesús antes de su partida y es una promesa que nos da la seguridad de lo mucho que Dios nos quiere y se interesa por sus hijos, la promesa dice: **"Y yo le pediré al Padre, y él les dará otro Consolador para que los acompañe siempre: el Espíritu de verdad, a quien el mundo no puede aceptar porque no lo ve ni lo conoce. Pero ustedes sí lo conocen, porque *vive con ustedes y estará en ustedes.*" Juan 14:16-17** (énfasis mío)

Nunca es tarde para volver a construir tu vida sobre el fundamento correcto. Todos llegamos a los pies de Jesús con nuestra casa espiritual en ruinas. Pero ha llegado el momento de limpiar todas esas ruinas y empezar de nuevo a construir una casa digna del Espíritu Santo de Dios.

Recuerda que el propósito principal es que la misma presencia de Dios more en nosotros como templo de Dios. El Espíritu Santo viene a vivir con nosotros y está en nosotros, es por eso que tenemos que derrumbar cualquier pared o muro que este deteniendo la obra de Dios en nuestra vida.

"Yo no confío en nadie"

¿Cuántas veces hemos escuchado a alguien decir esas palabras? "Yo no confío en nadie, he sufrido tanto en esta vida que no voy a dejar que nadie me haga daño." Esta es otra de las paredes o muros de defensa que muchos han construido en su vida y detienen la obra que Dios quiere hacer en su vida.

Personalmente puedo entender muchas veces el porqué de esta manera de pensar. Probablemente debido a que hemos sufrido decepciones en nuestra vida cuando hemos confiando en alguien del cual esperábamos un bien y hemos recibido todo lo contrario. Muchas veces esto nos ha pasado con miembros de nuestra familia, un padre, una madre, una hermana o hermano, alguien quizás muy cercano a nosotros como un esposo o esposa, muchas veces podría ser hasta un hijo o hija.

Estas decepciones o malas experiencias pueden estar basadas en diferentes situaciones, pero una de las más comunes es el haber sido víctima de un abuso físico o verbal de parte de una de estas personas en las cuales confiábamos. Esto hace que muchos levanten una pared de defensa y confían en que esas paredes le sirvan de defensas para no ser heridos de nuevo. Por medio de estas paredes obtienen un sentido falso de felicidad y normalidad, sin darse cuenta que le cierran la puerta o ponen un muro enfrente de nuevas oportunidades las cuales te darán verdadera felicidad.

Algo muy notable en una persona que levanta este tipo de paredes es el hecho de que la persona piensa que esta situación es normal y que los demás que se dan cuenta de lo que está pasando en tu vida son los que están mal. En realidad lo que producen estas paredes es un sentido de amargura hacia la vida y otras personas a la misma vez que presentas una actitud de siempre estar a la defensiva. Aun sin darte cuenta estas bloqueando la ayuda de personas que verdaderamente se interesan en ti y quieren que tú le des la oportunidad de entrar en tu vida.

Las personas que tienen este clase de paredes se presentan como personas muy fuertes de genio y parecería que nada les afecta, pero la realidad es que en su interior lo que existe es un temor o miedo de ser heridas de nuevo.

Mientras escribía acerca de este tema, le comentaba a mi esposa acerca de este tipo de paredes para ver que ella opinaba. Le pregunte a mi esposa en ¿qué punto ella pensaba que una persona se daba cuenta de que tenía este problema en su vida? Algo que me dijo ella me dejo pensando en cuanto a lo difícil de reconocer este tipo de pared, me dijo: "la mayoría de las veces nunca se dan cuenta de este problema y lamentablemente esto le ha pasado a muchos cristianos." Entonces, ¿porqué es tan difícil reconocer y derrumbar esta pared? El Señor me contesto esta pregunta cuando ponía en mi corazón esta palabra: "porque para derrumbar esta pared tienen que rendir su voluntad a mí."

Cuando en el proceso está involucrada nuestra voluntad, depende de nosotros si queremos el cambio. El Espíritu Santo puede hacer una obra estupenda en nuestra vida, pero como todo buen caballero si tú no le invitas a que entre en tu vida, Él no entra por la fuerza para trabajar en tu vida.

Por eso, algo que tienes que tener claro es que cuando rindes tu voluntad a Dios y Dios te logra formar o cambiar como la persona que Él quiere que seas, Dios te va a cuidar y a guardar de una forma especial, debido a que ya ha hecho una inversión en ti y no está dispuesto a perderla. Dios invierte su Gloria en nosotros, nos da tiempo, conocimiento, virtudes, dones, unción y hasta dinero. Somos su tesoro derramado en vasos de barro para su excelencia y su gloria.

Una vez que podemos entender que solamente con la ayuda de Dios es que vamos a lograr el cambio, es tiempo de presentar la situación ante Dios. Pedirle de todo corazón que nos muestre las paredes que tenemos que derrumbar y en el nombre de Jesús declarar que esos muros se caen para obtener nuestra completa libertad.

Paredes de Cartón

Como hemos podido ver las paredes de nuestra vida se componen de todo aquello que utilicemos y presentemos como una protección. Son las cosas en las cuales te refugias creyendo que gracias a estas cosas que has logrado o que estás haciendo, seguirás teniendo éxito en la vida aun sin la ayuda de Dios.

Cuando miramos una casa física lo primero que vemos son las paredes por la parte de afuera, son la presentación de la casa misma. Así mismo sucede con nuestra vida, cualquiera que sean las paredes que hemos construido, son la presentación que damos de nosotros mismos a otras personas.

Estoy seguro que has conocido personas que dan la apariencia de ser personas muy fuertes que nada les afecta, con un carácter de piedra podríamos decir. Otras personas se presentan como personas débiles las cuales son afectadas por cualquier cosa que pase a su alrededor, muchas veces presentando una apariencia piadosa.

Ambos extremos muestran o presentan algo en lo cual la persona se está refugiando, mientras unos no permiten que otras personas causen ningún efecto en sus vidas otros buscan excesivamente refugiarse en una búsqueda de compasión por parte de todos los que le rodean. El mayor problema en ambos casos es que cuando la persona se encuentra sola, se da cuenta de la realidad de que no tiene una protección duradera.

Muchos buscando llenar ese vacío o falta de protección, empiezan a refugiarse en vicios como el alcohol o las drogas, las cuales les dan un sentido falso de que todo está bien olvidándose parcialmente o de manera temporal de su realidad. Estas son paredes que si no se reconocen y se derrumban, vienen a provocar la ruina de tu vida y tu casa espiritual.

Podríamos seguir mencionando muchísimas paredes en las cuales las personas buscan refugio o presentan como su protección. Pero en resumen es todo aquello que presentas como tu exterior, en lo cual te refugias y confías que te protegerá para continuar tu vida. El asunto que tienes que analizar es en que están fundadas estas paredes y de que material están construidas.

Lamentablemente, muchas de estas paredes en tu vida están como si hubieran sido hechas de cartón, porque una vez que viene la prueba o la tormenta se caen sin ningún esfuerzo y quedas expuesto(a) a los ataques del enemigo.

Jesús dijo unas palabras que debemos aplicar en esta etapa de construcción, especialmente si queremos hacer la voluntad de Dios, pero reconocemos que todavía nos refugiamos en paredes que hemos construido sin el permiso de Dios.

En una ocasión Jesús liberó a un hombre de un demonio que lo había dejado mudo y algunos lo acusaron de haberlo hecho en el nombre de Beelzebú o Satanás, el príncipe de los demonios. Jesús, conociendo lo que había en los pensamientos de aquella gente dijo: **"Todo reino dividido contra sí mismo quedara asolado, y una casa dividida contra sí misma se derrumbara." Lucas 11:17.**

Estas palabras de Jesús son tan ciertas, especialmente cuando las aplicamos a la construcción de nuestra vida. El mensaje que Jesús quería transmitir es que no tenía sentido de que lo que él estaba haciendo lo hacía en el nombre de Satanás porque así como una casa no puede estar dividida, el reino de Satanás tampoco estaba dividido porque aun se mantiene.

De esa misma manera el Reino de Dios no está dividido y nosotros como casa espiritual no podemos estar divididos. No podemos tener en nuestra vida paredes que hemos construido sobre el fundamento equivocado y quizás hasta en el terreno de Satanás y a la misma vez tratar de construir paredes en el fundamento de Jesús.

En nuestra construcción, Dios es el que nos dirige a construir las paredes correctas pero Dios no puede hacer la obra en nosotros mientras mantengamos en pie las paredes de la tristeza y amargura, las paredes de la religiosidad y legalismo, las paredes de decepciones y falta de perdón, las paredes de glorias pasadas. Es tiempo de derrumbar estas paredes las cuales son débiles y nos exponen a ataques del enemigo.

Siguiendo en el relato de Lucas, Jesús dice unas palabras que reafirman la importancia de proteger nuestra casa espiritual. Acuérdate que una de las funciones principales de las paredes es la protección de la casa, mantener lo malo afuera y lo bueno adentro. En nuestra vida si tenemos las paredes equivocadas estaremos manteniendo la bendición de parte de Dios afuera, mientras nos mantenemos encerrados en paredes que nos hacen daño y nos destruyen como personas.

Pero mira la importancia de protegernos, Jesús nos dice: **"Cuando un hombre fuerte y bien armado cuida su hacienda, sus bienes están seguros. Pero si lo ataca otro más fuerte que él y lo vence, le quita las armas en que confiaba y reparte el botín. El que no está de mi parte, esta contra mí; y el que conmigo no recoge, esparce." Lucas 11:21-23.**

Una vez Jesús dice estas palabras, en los versículos que le siguen Jesús reafirma el hecho de que como personas somos una casa cuando dice: **"Cuando un espíritu maligno sale de una persona, va por lugares áridos buscando un descanso. Y al no encontrarlo dice: "Volveré a mi casa, de donde salí." Lucas 11:24.** Luego seguiremos analizando las palabras que siguen en este relato, especialmente cuando veamos con que llenamos el interior de nuestra casa. Pero por ahora tenemos que entender lo que nos transmiten o revelan estas palabras de Jesús.

Primeramente cuando analizamos en contexto de este relato vemos que Jesús está hablando de nosotros como personas y como una casa. Vemos como Jesús presenta la importancia de ser fuertes y estar bien armados para cuidar nuestra hacienda lo cual se refiera a nuestra casa espiritual o nuestra vida, para que todos nuestros bienes estén seguros.

Tus bienes son las bendiciones que has recibido de Dios en tu vida como cristiano, lo que has logrado en tu ministerio y más importante que todo eso, tu salvación. Es importante proteger nuestros bienes para que no venga el enemigo y destruya todo lo que hemos logrado. He aquí la importancia de nuestras paredes, son nuestra primera línea de defensa en esta batalla que tenemos en contra de Satanás. Por eso nuestras paredes tienen que ser paredes fuertes y bien fundadas en Jesús para no perder lo que Dios nos ha dado.

¡Derrumba esas paredes, en el nombre de Jesús!

Para poder construir las paredes correctas en nuestra vida, tenemos que derrumbar las paredes que nos detienen a no seguir adelante. Es interesante que mientras escribía acerca de esto, estaba escuchando música y salió una canción que dice: "paso a paso hacia el frente, poco a poco a ganar, con la oración las fortalezas todas caen." Esa es la actitud que tenemos que tener en esta etapa de nuestra construcción.

Como ya te he dicho antes, no vamos a lograr cambios de la noche a la mañana, pero lo importante es empezar primeramente a reconocer cuales de estas paredes tenemos en nuestra vida. Una vez que hagas esto te recomiendo que cojas una hoja de papel y escribas cuales son las paredes que tienes que derrumbar. La razón por la que te digo que lo escribas es para que puedas estar consciente de lo que necesitas hacer y no pierdas el enfoque.

Muchas veces no es fácil reconocer las áreas de nuestra vida que tenemos de destruir para seguir adelante, especialmente cuando tenemos paredes que nos impiden mirar hacia nuestros más profundos sentimientos. Es aquí donde la única herramienta que funciona es la oración. Es en este momento donde tienes que abrir tu boca y hablar con tu Padre celestial reconociendo primeramente que sin Él es imposible continuar la construcción de tu vida.

En ese momento de comunicación con Dios, entrégale tu mente y tu corazón, donde se esconden los más profundos sentimientos y deseos de tu vida. Pídele que mediante su Espíritu Santo te muestre lo que hay en ti que a Él no le agrada, que te muestre cuales son las paredes que tú has construido durante tu vida que ahora tienes que derrumbar. Paredes que han impedido que Dios haga la obra en tu vida.

En la carta a los hebreos, hablando de este momento en que buscamos la ayuda de Dios nos dice: **"Porque no tenemos un sumo sacerdote incapaz de compadecerse de nuestras debilidades, sino uno que ha sido tentado en todo de la misma manera que nosotros, aunque sin pecado. Así que acerquémonos confiadamente al trono de la gracia para recibir misericordia y hallar la gracia que nos ayude en el momento que mas la necesitemos." Hebreos 4:15-16.**

Al acercarnos a Dios confiadamente nos acercamos a Él con un corazón sincero, reconociendo que Jesús se compadece de nuestras debilidades e intercede por nosotros ante el Padre. De esa manera, Dios nos muestra su misericordia y hallamos la gracia como humanos imperfectos que necesitamos de Dios para seguir adelante. Como dice la canción, poco a poco, paso a paso pero siempre con la oración como estandarte.

En una ocasión, el pueblo de Israel se enfrentaba a un gran reto. Tenían que destruir una ciudad muy fuerte, la cual vendría a ser su primera victoria en la toma de la tierra prometida. Habían estado 40 años vagando por el desierto y ahora con un nuevo líder, Josué, Dios les da instrucciones de cómo derrotar y tomar esta ciudad. Era la ciudad de Jericó, una ciudad rodeada por murallas fortalecidas y muy bien armada.

Las circunstancias físicas no favorecían a los israelitas, físicamente no había manera en la cual ellos pudieran penetrar las defensas de aquella ciudad.

A lo mejor, tú has construido tu vida como aquella ciudad. Ahora te das cuenta que tus paredes o tus muros de defensa son difíciles de derrumbar y que las circunstancias físicas que te rodean no favorecen un cambio en tu vida. Bueno, ¿qué hizo Israel? Ellos reconocieron al Dios al cual ellos le servían, el Dios que los había sacado de Egipto con grandes milagros y proezas.

Ellos tenían a su favor algo mucho más poderoso que cualquier fortaleza o circunstancia física, tenían el favor de Dios. Ese mismo favor lo tenemos tú y yo hoy día, el mismo Dios que libro a Israel y estuvo con ellos en esta batalla, ese mismo Dios está con nosotros y no ha cambiado.

Ellos siguieron las instrucciones de Dios paso por paso, (Josué 6), y por seis días caminaron alrededor de aquella ciudad fortalecida. Le dieron una vuelta cada día por seis días tocando las trompetas y después regresando a su campamento. En el séptimo día dieron siete vueltas, tocaron las trompetas y dieron un grito de guerra y victoria sobre aquella ciudad. Los muros de aquella ciudad cayeron sin siquiera los israelitas poner un dedo sobre ellos, porque confiaron en su Dios y siguieron las instrucciones que Dios les había dado.

Hoy Dios te dice que te levantes y confíes en Él, que abras tu corazón mediante la oración y sigas sus instrucciones. Que reconozcas las paredes que tienes que derrumbar y que en su nombre declares la victoria en tu vida. Empieza a rodear estos muros, alabando a Dios en todo momento mientras empiezas a declarar la victoria sobre tus debilidades.

Va a llegar el momento en el que puedas por fin alabar a Dios por la obra que ha hecho en ti y tocar el himno de victoria en tu vida.

Construyendo paredes nuevas

Mientras logras derrumbar estas paredes negativas y dañinas de tu vida, estarás construyendo paredes nuevas, fundadas en Jesús. Estas paredes serán tu nueva protección ante los ataques del enemigo, pero estas paredes Satanás no las podrá penetrar ni derrumbar. No tienes que preocuparte por estar expuesto a los elementos del mundo cuando construyes las paredes correctas.

Es ahora cuando empiezas a construir estas paredes que te darán una base para seguir creciendo y seguir construyendo otros pisos o niveles espirituales. Recuerda que estas nuevas paredes serán también tu presentación a otras personas, será la manera en cómo te verán y tienes que reflejar la personalidad de Jesús en ti.

Es importante escoger el material correcto para nuestras nuevas paredes espirituales. Al igual que en una casa física, deberíamos construir nuestras paredes con los mejores materiales. Durante la construcción del templo de Dios, Salomón siendo el hombre más sabio de su tiempo, reconoció la importancia de utilizar los mejores materiales.

El capítulo 6 del primer libro de Reyes nos da varios detalles acerca de las paredes del templo. Leyendo este capítulo vemos como Salomón mando a traer piedras de cantera ya labradas, esto lo hizo para que la construcción del templo fuera más eficiente ya que al traer estas piedras ya labradas, no se escuchó el ruido de martillos ni de piquetas, ni de ninguna otra herramienta mientras se colocaban estas piedras. (1 Reyes 6:7)

Esto tuvo que haber requerido de mucha planificación para poder lograr que estas piedras fueran exactamente como se necesitaba y es aquí cuando vemos la excelencia que puso Salomón durante la construcción del templo.

El segundo de los materiales que mando a traer Salomón fue el cedro. Cuando leía esta parte, me puse a investigar un poco acerca de las cualidades del cedro. Aprendí que el principal producto del cedro es la madera fina de alta calidad con alta resistencia al ataque de insectos. Con razón Salomón escogió el cedro, dice en 1 Reyes 6:15 que Salomón **"revistió las paredes interiores con tablas de cedro, artesonándolas desde el piso hasta el techo."**

Salomón no solo se preocupó por escoger los mejores materiales para la estructura sino que también se ocupo de la apariencia de estas paredes. **"El interior del templo los recubrió de cedro tallado con figuras de calabazas y flores abiertas. No se veía una solo piedra, pues todo era de cedro." 1 Reyes 6:18. "Sobre las paredes que rodeaban el templo,**

lo mismo por dentro que por fuera, talló figuras de querubines, palmeras y flores abiertas." 1 Reyes 6:29. Yo solo puedo imaginarme lo hermoso que se veía aquella obra de Salomón. Él se aseguro de hacer lo mejor porque era para Dios.

Este templo representaba la casa de Dios, por eso cuando dice que se tallaron figuras de querubines, palmeras, calabazas y flores abiertas, tanto dentro como fuera del templo, podemos ver que cuando la gente miraba al templo veían las obras maravillosas de Dios.

A la misma vez les recordaba la protección que Dios da por medio de sus ángeles y la provisión que venía de parte de Dios. Era muy importante la apariencia con la que se presentaba esta casa de Dios, así mismo es importante como nosotros nos presentamos a otras personas, mas aun cuando reconocemos que somos el templo de Dios hoy día.

El tercero de los materiales y el más valioso de todos fue el oro. El oro representa pureza y santidad, a la misma vez que representa algo valioso para Dios. Nos dice la Biblia que: **"Además, Salomón recubrió de oro puro el interior del templo, y tendió cadenas de oro a lo largo del frente del Lugar Santísimo, el cual estaba recubierto de oro. En efecto, recubrió de oro todo el santuario interior, y así mismo el altar que estaba delante de este." 1 Reyes 6:21-22.**

Aplicando este detalle a la construcción de nuestra vida vemos la importancia de buscar la santidad y la pureza de Dios en nuestra vida. Cuando algo es santo y puro está separado para Dios. Y cada uno de nosotros hemos sido separados para Dios, en varias ocasiones se nos llama santos en las escrituras.

No somos perfectos, pero al haber aceptado a Jesús como nuestro Señor y Salvador, hemos nacido de nuevo como hijos de un Dios vivo. Y Dios nos ve como santos y nos da la oportunidad de recibir su Espíritu y entrar en su presencia. Eso estaba reservado solo para los sacerdotes en el tiempo de Salomón, ahora nosotros representamos aquel templo majestuoso que Salomón construyó.

En todo el periodo de construcción del templo, podemos ver como la mano de Dios estuvo con Salomón. No tuvo escasez de materiales, sino que obtuvo todo lo que se necesitó y más. Hasta el punto que después de construir el templo de Dios, construyó su propio templo. Así mismo Dios nos suple los materiales necesarios para construir nuestra vida como casa espiritual.

Las piedras, el cedro y el oro lo obtenemos cuando verdaderamente rendimos nuestra voluntad a Dios y dedicamos de todo corazón a aprender cada día más de su carácter y el amor que nos tiene. Tenemos que empezar a entrar en las profundidades de la palabra, tenemos que dedicar tiempo a buscar su presencia en nuestra intimidad.

También tenemos que empezar a compartir lo que sabemos de Dios con otras personas, compartir el plan de salvación que hemos recibido como regalo de Dios por medio del sacrificio de Jesús en la cruz. Es de esa manera como empezamos a edificar y presentar nuestras paredes al mundo. Cuando Dios ve esa disposición de corazón, Él mismo crea muros o paredes de protección alrededor de nosotros y nos cuida como sus hijos.

Puertas y Ventanas

En una casa física sabemos que las paredes tienen por necesidad otros componentes además de los materiales de construcción. En una casa física se necesitan puertas y ventanas las cuales están en las paredes. Ambos de estos componentes cumplen con un propósito establecido, las puertas son necesarias para tener acceso de entrada y salida a la casa, a la vez que sirven de protección cuando están aseguradas para evitar acceso libre a la casa.

Las ventanas en una casa física cumplen con diferentes funciones, son necesarias según el código de construcción para proveer luz natural al interior de la casa, para proveer un por ciento de ventilación al interior y para proveer un escape de emergencia para los ocupantes de la casa y nos sirven para mirar hacia afuera de la casa.

Lamentablemente aunque estos componentes son necesarios en la construcción de una casa, son aperturas en las paredes que causan que las paredes se debiliten. Es por eso que en el código de construcción existen instrucciones específicas de cómo reforzar las paredes para soportar la presión del viento, un terremoto o una tormenta.

Pero existen unos límites en la cantidad de aperturas que pueden existir en las paredes y cuando se exceden estos límites hay que recurrir a soluciones de ingeniería. Vamos a ver cómo aplicar esto a nuestra vida.

En nuestra casa espiritual también necesitamos estos componentes. Tenemos que tener puertas para obtener y permitir el acceso a Dios para que pueda entrar en nuestra vida. Pero tenemos que tener cuidado con lo que dejamos entrar por nuestras puertas. No podemos dejar que el enemigo se aproveche de estas puertas para sutilmente traernos asuntos que nos desenfoquen de nuestra meta y detengan nuestra construcción.

Mediante estas puertas nosotros también tenemos acceso al mundo que nos rodea y aunque estamos en este mundo sabemos que no somos parte de este mundo. Por eso tenemos que cuidarnos cuando abrimos estas puertas de lo que vamos a acceder en el mundo. Pero es también importante reconocer que tenemos que abrir estas puertas para compartir nuestras creencias y dejar que otras personas vengan a nuestra vida para compartir a Jesús. Lo importante es crear un balance y ser muy cuidadosos especialmente en estos tiempos que estamos viviendo.

El templo de Dios también tenía puertas, unas puertas muy especiales que construyó Salomón. **"Para la entrada del Lugar Santísimo, Salomón hizo puertas de madera de olivo, con jambas y postes pentagonales. Sobre las dos puertas de madera de olivo talló figuras de querubines, palmeras y flores abiertas, y todas ellas las recubrió de oro." 1 Reyes 6:31-32.** Aquí aprendemos acerca de otro de los materiales que utilizó Salomón en la construcción del templo.

Las puertas hacia el Lugar Santísimo las hizo de madera de olivo, el cual es un símbolo de inmortalidad porque vive, da fruto y se renueva desde hace miles de años. También es un símbolo de paz, de reconciliación y de unción. Es una madera preciosa y muy duradera la cual es difícil de cortar pero obtiene un acabado hermoso.

Sobre esta madera Salomón mando a tallar también las figuras de querubines, palmeras y flores abiertas y algo muy interesante es que las recubrió con oro. Salomón fue muy detallista con la construcción del templo y eso nos debe servir como ejemplo a nosotros a ser igual de minuciosos a medida que construimos nuestra vida como casa espiritual.

Nuestras puertas también son una presentación al exterior de nuestra personalidad como cristianos. Tenemos que esforzarnos por construir puertas dignas de que la presencia misma de Dios las abra y entre por ellas a nuestra vida. Esto lo hacemos por medio del continuo estudio de la palabra a la vez que nos dedicamos a compartir el evangelio con el mundo. Sí, tenemos la obligación y mandato de abrir nuestras puertas al mundo, pero con cuidado de que el mundo no entre en nosotros.

Las ventanas espirituales son interesantes porque al igual que las ventanas físicas tienen varias funciones. Las ventanas espirituales en nuestra vida están basadas en las oportunidades que se nos presentan o que buscamos como experiencia a través de la construcción de nuestra vida. Por ejemplo, una de las funciones de las ventanas es permitir la entrada de luz natural hacia el interior de la casa, pero de noche dejan que la luz de la casa se refleje hacia afuera. Vamos a pensar en esto un poco y ver como lo aplicamos a nuestra vida.

Nosotros necesitamos que la luz de Dios entre en nuestra vida, es por eso que no podemos tener paredes sólidas, necesitamos ventanas que permitan que la luz de Jesús, la luz de la Palabra de Dios entre en nuestro corazón y mente.

Principalmente nuestras ventanas se abren por medio de lo que dejamos entrar por nuestros ojos y oídos. Dejamos que la luz de Dios entre en nuestra vida cuando nos dejamos instruir acerca de la palabra de Dios por medio de nuestros pastores o nuestros mentores espirituales, también por medio de escuchar la radio cristiana o una buena predicación en la televisión y también por medio de la lectura.

Dios utiliza diferentes medios para acceder nuestra vida. Este mismo libro está abriendo una ventana de conocimiento en tu vida, la cual permitirá que nueva luz entre en tu casa para que puedas reflejarla en la oscuridad.

De la misma manera en que abrimos nuestras ventanas para dejar entrar la luz de Dios, también puede entrar por esas mismas ventanas la oscuridad del enemigo. Satanás es el rey de las tinieblas y la oscuridad, él no quiere que nosotros dejemos entrar la luz de Dios en nuestra vida porque sabe que nosotros reflejaremos la luz de Dios en medio de su oscuridad al mundo. Nuestro enemigo conoce muy bien los medios por los cuales puede tener acceso a nuestras vidas, usando nuestras ventanas.

Cuídate de lo que ves y escuchas, porque de eso estas llenando tu vida y cuando llegue el momento de presentarte a otros eso es lo que vas a reflejar.

Satanás usa muy sutilmente los medios de comunicación, tanto la televisión, la radio y los libros para mostrarse como ángel de luz y abrirse camino en tu vida. El Apóstol Pablo hablando de los engaños a los cuales nos enfrentaremos nos dice: **"Y no es de extrañar, ya que Satanás mismo se disfraza de ángel de luz." 2 Corintios 11:14.** Así que no nos debe extrañar que Satanás utilice cualquier medio disponible para penetrar nuestras defensas, y se le hace más fácil cuando nosotros mismos le abrimos la puerta o le prestamos atención por medio de nuestras ventanas.

No quiero decir con esto que todo programa de televisión es malo, ni que todo lo que escuchamos o leemos es malo si no trata de un tema cristiano. Estamos en este mundo y tenemos que aprender e informarnos de los asuntos, a la misma vez que también necesitamos disfrutar de nuestra vida y entretenernos.

Pero tenemos que analizar cuanto tiempo le estamos dedicando a otras cosas comparado con el tiempo que le dedicamos a las cosas de Dios. ¿Estamos "buscando primeramente el reino de Dios y su justicia, para que todo lo demos se nos sea añadido"?

De la única manera que podremos iluminar por medio de nuestras ventanas y ser la luz del mundo, es por medio de dedicar tiempo a buscar y aprender de Dios. Hemos sido llamados de las tinieblas de Satanás a la luz de Dios, el Apóstol Pedro nos dice: **"Pero ustedes son linaje escogido, real sacerdocio, nación santa, pueblo que pertenece a Dios, para que proclamen las obras maravillosas de aquel que los llamó de las tinieblas a su luz admirable." 1 Pedro 2:9.**

Así es, haz sido escogido(a) por Dios mismo, el cual te ha sacado de la oscuridad a la luz de su reino y su palabra. Entonces, ¿porqué volver atrás y abrirle las puertas a la oscuridad para que entre en tu vida? No tiene sentido, estaríamos apagados cuando el mundo necesita más aun de la luz de Dios.

Recibiendo el aire de Dios

Otra de las funciones de las ventanas es la de proveer ventilación, y en nuestra vida estas ventanas espirituales permiten que el aire fresco y acogedor de Dios fluya en nuestras vidas. Ese aire de parte de Dios es el que nos empieza a dar la unción de su Espíritu Santo. Es un aire que nos trae paz y felicidad a nuestra vida y que solo obtenemos cuando nuestras ventanas están abiertas en la dirección de Dios y en su presencia. Ese aire nos provee ventilación a nuestra vida, la cual necesitamos para sobrevivir en este mundo dominado por el enemigo.

Lamentablemente, en los aires también existe la contaminación de Satanás. El está de manera temporera dominando los aires de este mundo, los cuales ha contaminado con tanta perversión e iniquidad. Tenemos que cuidar que esa contaminación no entre en nuestra vida. Hoy día existe un medio que le ha facilitado a Satanás la entrada a nuestras vidas de una manera muy sutil, ese medio es el Internet.

El Internet como medio de comunicación ha sido de gran provecho al pueblo de Dios en dar a conocer el evangelio a escala global. Gracias a Dios por la tecnología, se ha podido llegar a lugares remotos llevando la palabra de salvación sin ni siquiera visitar estas regiones. Pero así como se ha usado para bien, Satanás se ha aprovechado de este medio. Ha puesto al alcance de nuestras manos y tristemente al alcance de niños y jóvenes, toda clase de perversión sexual.

Además de otras cosas, la pornografía disponible tan fácilmente por medio del Internet ha destruido vidas y familias. Esta es una ventana que tenemos que cerrar para siempre en nuestra vida, pero solo lo podremos hacer con la ayuda de Dios. Dios nos provee la salida y alternativas a estas ventanas dirigidas a Satanás. Vamos a cerrarle las ventanas una vez y por todas a los aires contaminados del enemigo. Ese es un tipo de ventilación que no necesitamos.

Escape de emergencia

Una de las razones principales por las que Satanás quiere entrar en tu vida es para destruirte y quemarte en su fuego eterno. Gracias a Dios, otra de las funciones de las ventanas es que nos sirven de escape de emergencia para cuando este fuego se prende y quiere atraparnos.

Tenemos que reconocer que no somos perfectos y de vez en cuando le vamos a abrir una oportunidad a Satanás para entrar en nuestra vida. Si no fuera así, nuestra vida como cristianos sería muy fácil. Recuerda que como hijo o hija de Dios, que te has determinado a ser un cristiano que haga la diferencia, un cristiano hacedor de historia donde quiera que estés, vas a recibir muchos más ataques del enemigo.

En algunos momentos se te hará difícil reconocer si lo que viene a tu vida o a lo que has abierto una puerta o ventana, es de Dios o del enemigo. De momento te encuentras que Satanás ha encendido un fuego en tu casa espiritual y ahora tienes que escapar de ese ataque.

Es en ese momento cuando puedes utilizar tus puertas y ventanas espirituales para correr al socorro que te brinda Jesús. Es ahora cuando tienes que abrir tus puertas de par en par y tus ventanas hacia Jesús, para que su luz entre en su vida y quite las tinieblas de Satanás. Para que su aire entre en tu casa y se lleve la contaminación que el enemigo haya traído y para que la unción de su Espíritu Santo corra como ríos de agua viva y apaguen el fuego que Satanás haya encendido en tu vida.

Mirando y observando el mundo

Por último, las ventanas nos sirven para observar hacia afuera. Nos dan una visión clara de lo que está pasando en este mundo y mientras observamos el mundo nos damos cuenta que el día de la venida de Jesús esta cada día más cerca. Para poder tener una visión clara de esto, tenemos que mantener nuestras ventanas muy limpias.

Dios nos permite utilizar nuestras ventanas para observar la triste condición en que se encuentran las personas que no conocen de Jesús en este mundo. De esta manera debe crecer en nosotros la compasión por las almas y nos debe mover a compartir y abrir las puertas de nuestro conocimiento a estas personas que necesitan una palabra de vida, un abrazo, una ayuda para salir de la situación en que se encuentran.

Haz aprendido que tus ventanas tienes que utilizarlas con mucho cuidado. Las ventanas son inevitables en nuestra vida, si no las tuviéramos no tendríamos vida, estaríamos muertos porque los muertos no ven ni oyen. Pero si podemos controlar la cantidad de ventanas que tenemos, teniendo en cuenta que mientras más ventanas tenemos, más débiles son nuestras paredes espirituales. Tenemos que tener cuidado de no salirnos del diseño establecido en los planos de nuestra vida, estos planos han sido diseñados por nuestro arquitecto perfecto que es Dios. Si decidimos instalar más ventanas, necesitaremos mucho más de su ayuda para fortalecer nuestras paredes espirituales.

Una vez que hemos construido nuestras paredes, estaremos listos para poner el techo o la cubierta a nuestra casa. Vamos a examinar nuestros planos y dediquémonos a trabajar en nuestra construcción con denuedo y constancia. Con la ayuda de Dios construyamos nuestro techo espiritual.

Capítulo 7

EDIFICANDO TU TECHO ESPIRITUAL

Haz llegado a una de las etapas de construcción más emocionantes. Cuando llegamos a este punto ya hemos básicamente completado la estructura de la casa y tenemos una buena idea de qué clase de casa vamos a ser. Es importante que al llegar a este punto, conozcamos muy bien el propósito de Dios para nuestra vida. Es ahora cuando Dios te da esa anhelada cobertura de una manera sobrenatural en tu vida. Ahora tu vida o tu casa espiritual están preparadas para recibir el peso o la estructura de tu techo espiritual.

Cuando hablamos de la construcción de una casa física, vemos que es necesario proveer una cobertura sobre la casa lo más pronto posible. Esa cobertura es el techo de la casa, el cual protege todo el interior, tanto la estructura, a los ocupantes y todo lo que está dentro de la casa. Existen diferentes tipos de techo, de diferentes materiales o de diferentes diseños. En una casa física es muy importante escoger el material y el diseño apropiado, dependiendo claramente de las diferentes variantes como lo son la localización de la casa y el clima en el que construimos.

Es también importante reconocer que tenemos que estar seguros de que hemos construido buenas paredes sobre el fundamento correcto para entonces poder construir nuestro techo. La única ventaja que tenemos en la construcción de nuestra vida como casa espiritual, es que Dios en su infinita misericordia, nos permite reparar o reconstruir cualquier parte de nuestra casa que necesite ser cambiada.

Entendiendo el punto de que el techo es una de nuestras protecciones y está en la parte de arriba de la casa, deberíamos prestar mucha atención a los detalles que Dios nos ha dado para obtener este techo. Este techo espiritual es la cobertura que Dios nos da y bajo la cual nos protege como sus hijos amados.

Cuando hablamos de cobertura espiritual, primeramente tenemos que concentrarnos en obtener la cobertura de parte de Dios a nivel personal, antes de preocuparnos por obtener su cobertura a nivel de ministerio o algo mayor. Es importante visualizar el hecho de que nuestro techo espiritual es la protección de Dios directamente a nuestra vida la cual cuida de ti como persona, permitiéndote disfrutar de tu vida como casa espiritual.

En el proceso de construir nuestro techo o de recibir la cobertura divina, deberíamos reconocer la condición actual del techo que hemos construido hasta ahora en nuestra vida. Es importante ver en que cosas o en que personas hemos confiado hasta el punto de pensar que han sido una protección para nuestra vida. Por ejemplo, muchas personas piensan que su protección esta en el dinero y las riquezas materiales, en lo que tienen y han obtenido en el transcurso de su vida. Piensan que esas cosas les dan una seguridad o una protección y las cuidan con mucho anhelo y van en la búsqueda de obtener más. Otros piensan que su protección o seguridad la tienen en su trabajo y su prioridad es seguir creciendo profesionalmente en su trabajo hasta el punto de descuidar hasta a su familia y su relación con Dios.

Muchas personas creen que su protección o seguridad la tienen por su educación y se mantienen en la búsqueda de conocimiento como su única meta o prioridad. Otras personas creen su techo de protección o seguridad esta en el gobierno de su nación, y ponen toda su confianza en políticos y gobernantes esperando una solución a todos sus problemas.

Podríamos mencionar tantas cosas que la gente usa como un techo para su vida, pensando que teniendo estas cosas están protegidos. Muchas personas hasta han buscado un refugio en los vicios, como lo son el alcohol y las drogas, saliendo de la realidad a un mundo de fantasías el cual es temporero y donde todo aparenta estar bien.

Lamentablemente muchas personas creen que su techo espiritual se lo provee la religión de la cual son miembros, pensando que mientras sean de esta o cual religión están protegidos de los ataques de Satanás. Estas personas no se dan cuenta que caen en un control humano lleno de legalismos y religiosidad, el cual el mismo Jesús condeno cuando estuvo aquí en la Tierra. Otros por culpa de malas experiencias con la religión, han construido un techo bajo la cobertura del mundo y los placeres que ofrece el mundo, sin darse cuenta que están entregando sus vidas al mismo enemigo.

Derrumbando el techo en ruinas

Cuando creemos que estas cosas nos dan una seguridad, es como tener un techo en ruinas el cual esta goteando por todos lados, un techo despedazado y no nos da ninguna cobertura ni protección. Es tiempo de reconocer si nuestro techo actual esta en esta condición y si es así, debemos inmediatamente derrumbarlo para construir el techo correcto sobre nuestra vida.

Entre las cosas que te mencione anteriormente, hay cosas que de por si no son malas y hasta son necesarias en nuestra vida. Lo importante es tener el punto de vista correcto sobre estas cosas. El dinero y las riquezas de por si no son malos, de hecho como hijos de Dios, Él nos quiere prosperar materialmente. Nuestro Dios es el dueño del oro y la plata, y Él provee a sus hijos de acuerdo a las riquezas de su gracia.

Hoy día el dinero es necesario para todo, y cuando tenemos el punto de vista apropiado vamos a reconocer que lo que tenemos viene de parte de nuestro Dios que es nuestro proveedor. A la misma vez, no estaremos afanados en la búsqueda de las riquezas, bien lo dijo Jesús en Mateo 6:33,

"Mas bien, busquen primeramente el reino de Dios y su justicia, y todas estas cosas les serán añadidas."

Hay muchos hombres y mujeres de Dios los cuales han sido bendecidos con muchas riquezas, porque han sabido usar este principio. También han reconocido que sus bendiciones han venido de parte de Dios para que ellos sean de bendición a otros y a la obra del Reino aquí en la Tierra. Estas personas han descubierto el secreto, que no es tan secreto porque es una ley de Dios, la ley de sembrar para después cosechar. Y lo más importante no ven sus riquezas como una protección o techo espiritual sobre sus vidas, reconocen que su cobertura o techo espiritual viene de parte de Dios.

Otras de las cosas necesarias en este mundo es el trabajo, bien lo dice la escritura que el que no trabaje, no coma. El problema esta en la posición que tiene tu trabajo en tu vida, ¿es el trabajo lo primero en tu vida? ¿Se ha convertido tu trabajo en un estorbo para tu ministerio o tu vida de intimidad con Dios? O, ¿es tu trabajo una herramienta que te permite obtener tu sustento y la misma vez darle a Dios el tiempo que se merece?

Estas son preguntas muy personales pero que te van a llevar en la dirección correcta para entender cuales son tus prioridades. En este punto es importante que reconozcamos que nuestro trabajo viene de parte de Dios porque ha sido Él quien nos ha dado las habilidades para realizar este trabajo. Si lo vemos de esta manera, no veremos nuestro trabajo como parte de nuestro techo o cobertura espiritual de nuestra vida, sino como una herramienta más en nuestra construcción.

Necesitamos educarnos también, pero he visto tanta gente que ha puesto su educación como la primera prioridad en su vida. Han dedicado una vida entera a la búsqueda de títulos y al reconocimiento por parte de otras personas de sus logros. Es aquí donde tenemos que saber ejercer un balance en nuestra vida.

Dios quiere que seamos personas inteligentes y educadas, Él nos dice en su palabra de las ventajas de obtener sabiduría. Cuando a Salomón se le dio la oportunidad de escoger lo que el quería, Dios le iba a dar lo que el pidiera, Salomón pidió la sabiduría y por esa decisión que tomo, recibió con ella todo lo demás hasta ser uno de los reyes mas ricos de la historia.

Dios nos dice en el libro de Proverbios; **"Adquiere sabiduría, adquiere inteligencia; no olvides mis palabras ni te apartes de ellas. No abandones nunca a la sabiduría, y ella te protegerá; ámala, y ella te cuidara. La sabiduría es lo primero. ¡Adquiere Sabiduría! Por sobre todas las cosas, adquiere discernimiento." Proverbios 4:5-7.**

Que consejo tan maravilloso de parte de nuestro padre, el nos dice la importancia de obtener conocimiento y sabiduría. A través de las escrituras vemos que muchos de los hombres de Dios fueron hombres educados y habían obtenido conocimiento del mundo. Pero lo importante como Dios nos dice es que a pesar de la sabiduría nunca olvidemos su palabra.

No solamente nos dice esto sino que nos dice que junto con la sabiduría adquiramos discernimiento. De nada vale tener conocimiento sin discernimiento, el discernimiento es lo que nos ayuda a ver el punto de vista de Dios en todo lo que hacemos para que no nos desviemos de su palabra y sus mandamientos.

Cuando entendemos este consejo de Dios y no vemos la educación como una protección a nuestra vida, entonces podremos ejercer un balance en cuanto a la educación. En mi caso personal, sufrí los efectos de no tener un equilibrio en cuanto a la educación. Yo desde mi niñez fui un estudiante muy destacado y siempre he tenido un anhelo por aprender y adquirir conocimiento.

Desde el comienzo de mi vida escolar hasta llegar a la escuela superior, los grados de 10-12, tuve grados excelentes y siempre me gradué con honores. Pero desde el mismo año en que nací, la organización religiosa a la cual pertenecía, que eran los testigos de Jehová, empezó una campaña en contra de la educación superior o universitaria.

En un intento por mantener a sus miembros atados a su legalismo, afirmaban que la educación universitaria no era necesaria para los jóvenes testigos de Jehová porque el final de este sistema de cosas estaba muy cerca. Además afirmaban que muchos que se habían dedicado a estudiar en universidad, habían dejado la religión y sus enseñanzas, por el hecho de haber adquirido conocimiento mundano.

Pero la realidad era que su meta siempre ha sido mantener a sus seguidores con una educación mediocre y que no cuestionen sus doctrinas. Es una manera de controlar la información que llega a sus seguidores y limitar el flujo de conocimiento que los puede liberar de su adoctrinación.

Bueno, el hecho es que se me prohibió estudiar, a pesar de mi potencial como estudiante y es así que cuando salgo de la escuela superior, me dediqué a predicar de casa en casa a tiempo completo y a trabajar a tiempo parcial para suplir las necesidades. Bueno, demás esta decir que el final que predicaron para los 70, no llegó, el de los 80, no llegó, el de los 90, no llegó, el del 2000, no llegó.

No se cual estarán predicando ahora ni me interesa y el punto es que sabemos que la venida de Jesús esta cerca, pero no por eso vamos a dejar de vivir nuestra vida y hacer lo que tenemos que hacer. Acaso no existen abogados cristianos, ingenieros cristianos, doctores cristianos y muchos más profesionales que han puesto a Dios en primer lugar a pesar de su educación y conocimiento.

Deberíamos preguntarnos, ¿cuánto más útil puedo ser para la obra de Reino si adquiero una profesión que me permita servirle a Dios y hacer su voluntad? Sabemos de historias de doctores y otros profesionales de la salud, que han usado sus conocimientos para ir a misiones y ayudar al prójimo necesitado en lugares remotos. Sin educación no podrían hacer eso por mas que quisieran, no serian útiles para la obra de Dios.

Lo importante es reconocer que Dios es el que nos da la fuerza y el conocimiento, así como la voluntad para aprender y no dejar que la educación se convierta en nuestro techo espiritual. Es solamente otra de las herramientas que Dios nos da en la construcción de nuestra vida como casa espiritual. Así que si tienes el deseo de obtener una educación, nunca es tarde para empezar, siempre y cuando tengamos nuestras prioridades correctas.

Otro de los techos que tenemos que derrumbar es la confianza que ponemos en los gobiernos. Como cristianos tenemos que tener un punto de vista balanceado en cuanto a este asunto. Reconociendo que las autoridades de este mundo son permitidas por Dios, pero entendiendo también que el dios de este mundo es Satanás y el domina a los gobiernos. Por eso fue que se los pudo ofrecer a Jesús cuando lo tentó y le dijo que le daría los gobiernos si Jesús le adoraba.

Ahora bien, no estoy de acuerdo en que no tomemos parte cuando se nos da la oportunidad de elegir nuestros gobernantes. Especialmente en estos tiempos, cuando se ha levantado un espíritu de libertinaje como en los días de Noé En estos tiempos en que los políticos disfrazan sus puntos de vista liberales y que están totalmente en contra de los principios morales y cristianos, con ayudas sociales y promesas de igualdad.

Tenemos que estar atentos y educarnos en cuanto a lo que esta pasando mundialmente en los gobiernos. Es por eso que tenemos que participar en la elección de nuestros gobernantes porque podemos hacer la diferencia.

Tenemos que tomar parte en las decisiones, pero entendiendo también que el cumplimiento de la profecía para estos últimos días está cerca. Los gobiernos toman una parte muy importante en el cumplimiento de las profecías. Por eso, no podemos esperar que ningún gobierno nos provea un techo espiritual para nuestra vida, no importa cuanto nos puedan ayudar. Al final de cuentas sabemos que estos gobiernos le darán la espalda a Dios. Solamente podemos obtener este techo espiritual de parte de nuestro amoroso Padre Celestial.

Uno de los techos mas frágiles de nuestros días, y diría yo uno de los que mas esta en ruinas, es el techo de la religión. Quiero que entiendas bien esto, a lo mejor te preguntas, ¿porqué hablo en contra de la religión cuando mi libro tiene que ver con un tema religioso? Bueno, es importante entender primeramente que la religión, no importa cual sea, no nos da la salvación. Solamente el que personalmente reconozcas que eres pecador(a) y recibas a Jesús como tu Señor y Salvador es lo que te asegura tu salvación.

Cuando estemos delante de Dios y Él nos pregunte; dime, ¿porqué te debo dejar entrar al cielo y a mi reino? Solamente hay una contestación correcta a esa pregunta. No importa lo bueno que eres, ni si eres católico, evangélico, pentecostal, adventista, bautista, testigo de Jehová, mormón, ortodoxo, judío, etc., etc., etc., bueno podríamos mencionar miles de religiones. Nada de eso importa si no has aceptado a Jesús como tu Salvador y le has permitido entrar en tu vida, si no has hecho esto, lamentablemente dice la palabra que no hay entrada al cielo.

La religión organizada en nuestros tiempos lo que ha hecho es daño a la humanidad al proveer una falsa protección divina basada en legalismos y religiosidad que no están apoyadas por la Palabra de Dios. Muchos usan la religión para presentar una apariencia de ser personas buenas y que buscan de Dios, pero su corazón esta tan alejado de Él.

No quiero decir con esto que no hay que ir a la iglesia, como lugar de reunión, pero recuerda que la iglesia eres tú y las personas que buscan con temor a Dios, no un edificio. Tenemos que reunirnos y parte de nuestra construcción es congregarnos con personas que están buscando lo mismo que nosotros para edificarnos o construirnos como personas. Pero, como individuos tenemos derecho a analizar lo que se nos enseña desde el púlpito de la iglesia y confrontarlo con la Palabra de Dios.

El problema es que si no conocemos la Palabra de Dios, como vamos a saber si el mensaje o lo que se nos enseña viene de Dios. Es por eso la importancia de que en esta etapa de construcción donde estamos buscando esa cobertura divina que solo Dios la da mediante su Espíritu Santo, nos dediquemos con denuedo a aprender mas de la Biblia.

Leer y dejar que Dios nos hable mediante lo que leemos, y anhelar una revelación de la Palabra para nuestra vida directamente de Dios. No hay que ser religioso para tener una relación con Dios, hay que tener un corazón dispuesto a escuchar su voz y el mismo Dios, no la religión, nos dirige a lo que Él quiere de nosotros. Nos dirige a llevar una vida limpia y hacer su voluntad, porque Él te revela su voluntad cuando tu buscas de Él.

"Me buscarán y me encontrarán, cuando me busquen de todo corazón" Jeremías 29:13

Obtener la cobertura o el techo espiritual va mas allá de solamente querer estar bajo la cobertura de Dios, tienes que anhelarlo con todo tu corazón. No solamente eso, tienes que dar pasos de fe, los cuales demuestren que estas buscando a Dios con todo tu corazón. Tienes que darte cuenta de que sin la cobertura o el techo de Dios, toda tu vida queda expuesta al deterioro total, por medio de los ataques de Satanás y las cosas que nos presenta el mundo en que vivimos.

Es ahora el momento de decisión, en el cual Dios te dice que le vas a encontrar y Él esta dispuesto a tener una relación intima contigo siempre y cuando tu le busques de todo corazón. Va mas allá de expresarlo con palabras, tienes que reconocer tu necesidad de una relación con Dios y vas a empezar a ver los resultados. En la Biblia encontramos ejemplo tras ejemplo de la protección de Dios sobre sus siervos y su pueblo.

El anhelo de Salomón al construir el templo de Dios, era el que la presencia de Dios morara en todo momento en aquel templo y él sabia que la protección del pueblo de Israel dependía de que Dios no se apartara de ellos. Por eso siguió paso a paso, detalle por detalle las instrucciones que le dio su padre David las cuales él recibió por inspiración divina.

Por medio de su palabra, Dios nos ha dado una guía llena de información e instrucciones de como hacer su voluntad y de como lograr que su favor y protección nunca se aparten de nosotros. Él ha trazado un plano completo de como construir nuestra vida para que sea digna de recibir el regalo del Espíritu Santo y así venir a ser casa espiritual.

El mismo Dios que protegió a Noé y su familia, que protegió a Abraham, a Isaac, a Jacob, que acompaño a Moisés y al pueblo de Israel, aquel que protegió a Josué, a José, a David, a Salomón, a Ester y a Job, el mismo Dios que libro a Daniel de la muerte y a los tres jóvenes hebreos, así como a tantos hombres y mujeres fieles que no tendríamos espacio para mencionarlos a todos. Ese mismo Dios quiere una relación personal contigo, quiere cubrirte y poner un techo espiritual sobre tu vida.

Salomón sabía que él tenía que cumplir con la obra que Dios y su padre le habían encomendado, pero no era construir por construir. Aquel templo era para la gloria de Dios y había unos requisitos que cumplir para que la presencia de Dios morara en aquel templo y a la misma vez protegiera al pueblo de Israel.

Hay varios detalles que no quiero pasar por alto, ya que entendemos que aquel templo excelso que Salomón construyó, representa hoy a nosotros mismos como templos de Dios. Es importante que recordemos la promesa de Dios a Salomón: **"Ya que estas construyendo este templo, quiero decirte que** *si andas según mis decretos, y obedeces mis leyes y todos mis mandamientos,* **yo cumpliré por medio de ti la promesa que le hice a tu padre David. Entonces viviré entre los israelitas, y no abandonare a mi pueblo Israel." 1 Reyes 6:12-13** (énfasis mío).

Ahora Dios nos dice a cada uno de nosotros lo mismo que le dijo a Salomón. Ya que estamos construyendo nuestra vida como casa o templo de Dios, Él nos dice que si andamos en su palabra, si le obedecemos en todo, Él cumplirá la promesa de habitar en nosotros y nunca abandonarnos.

Dios esta buscando gente como Salomón, gente comprometida con la obra de Él. Gente que este dispuesta a pagar el precio como lo hizo Salomón. Dios está levantando una nueva generación de cristianos dispuestos a obedecer su palabra y trabajar para establecer el Reino de Dios en sus vidas, en su casa y en su ciudad. Y es cuando damos muestra de este compromiso cuando Dios derrama su bendición y su protección, como un techo espiritual sobre nuestra vida.

Salomón completó la construcción de aquel templo en siete años, cumplió con la obra que se le encomendó y lo mas importante es que lo hizo con excelencia. Una vez que completó la obra Salomón declaró estas palabras a Dios: **"SEÑOR, tu has dicho que habitarías en la oscuridad de una nube, y yo te he construido un excelso templo, un lugar donde habites para siempre."**; y después de levantar una Oración de clamor a Dios, más adelante le dice a Dios: **"Pero ¿será posible, Dios mío, que tu habites en la tierra? Si los cielos, por altos que sean, no pueden contenerte, ¡mucho menos este templo que he construido! Sin embargo, SEÑOR, mi Dios, atiende a la Oración y a la suplica de este siervo tuyo. Oye el clamor y la Oración que hoy elevo en tu presencia. ¡Que tus ojos estén abiertos día y noche sobre este templo, el lugar donde decidiste habitar, para que oigas la Oración que tu siervo eleva aquí! Oye la suplica de siervo y de tu pueblo Israel cuando oren en este lugar. Oye desde el cielo, donde habitas; ¡escucha y perdona!"** 1 Reyes 8:12-13,27-29.

Nuestra meta como Hijos de Dios es llegar al punto en la construcción de nuestra vida en el que podamos identificarnos con esas palabras de Salomón. Cuando reconocemos la realidad de estas palabras y las aplicamos en nuestra vida es cuando recibimos de parte de Dios nuestro techo espiritual el cual viene como una protección sobre nuestra vida.

Mediante la historia y la descripción del templo según la Biblia, sabemos que el templo que construyó Salomón fue algo fuera de lo común. Los cálculos actuales que se han hecho del costo del templo, incluyendo todo el oro y la plata, se estiman entre los 2 a 5 billones de dólares. Ningún otro se comparó con la grandeza y la riqueza de aquel templo, lo que hizo que fuera codiciado por otras naciones y sufriera destrucción en muchas ocasiones, siendo completamente destruido en el año 70 y mas nunca se reconstruyó.

Salomón en su declaración a Dios tuvo que reconocer que a pesar de lo excelso, grande y rico de aquel templo, no era posible que Dios habitara allí. Ni siquiera los cielos pueden contener la grandeza y la presencia de Dios, mucho menos un templo construido por manos humanas. Pero Dios en su infinita misericordia es quien decidió que su presencia habitara y se presenciara en aquel lugar.

Al igual que aquel templo, nosotros como humanos imperfectos no somos dignos de que la presencia de Dios o su Espíritu Santo venga a morar en nosotros. Pero eso es decisión de Dios y no de nosotros. No hay nada que podamos hacer nosotros a nivel humano para obtener el Espíritu Santo de Dios. Al igual que Dios hizo con el pueblo de Israel, por su misericordia nos ha prometido que estará con nosotros y nos protegerá de todo mal.

Es por medio de su gracia y su misericordia que obtenemos la cobertura divina, la cual es nuestro techo espiritual, tanto a nivel personal y a medida que vamos creciendo también en nuestro ministerio personal.

Es importante que visualicemos la construcción de nuestro techo espiritual como un sello que Dios pone sobre nuestra casa espiritual. No es el final de nuestra construcción, tenemos que seguir trabajando en nuestra vida, pero es una muestra de que estamos siendo aprobados en la inspección que Dios hace de nuestra vida como casa espiritual.

Una vez que completamos nuestro techo espiritual no hay ataque que no podamos soportar, porque Dios está con nosotros y no importa que tormenta venga a atacar tu casa, no podrá afectarte ni destruir tu construcción. Cuando llegas a esta etapa de la construcción de tu vida, estás bien fundado en Jesús, y la estructura principal de la casa esta construida de acuerdo a los planos e instrucciones de la Palabra de Dios.

Es un momento de decisión y de acción, de reconocer que nada podemos hacer sin la ayuda y la protección de nuestro amoroso padre celestial. Antes de continuar trabajando en nuestra casa espiritual, quiero que medites en las palabras de David registradas en el Salmo 91. Es un Salmo que ha ministrado mucho a mi vida, especialmente mientras he estado construyendo mi casa espiritual. Es un Salmo que describe de manera excelente lo que significa estar bajo el techo espiritual o la cubierta/protección de Dios.

"El que habita al abrigo del Altísimo se acoge a la sombra del Todopoderoso. Yo le digo al Señor: "Tu eres mi refugio, mi fortaleza, el Dios en quien confió." "Ya que has puesto al Señor por tu refugio, al Altísimo por tu protección, ningún mal habrá de sobrevenirte, ninguna calamidad llegara a tu hogar." Salmo 91:1-2, 9-10.

Es tiempo de reconocer la realidad de lo que expresa aquí el salmista y declararlo una realidad en tu vida. Cuando tenemos el techo espiritual correcto, ninguna calamidad llegara a nuestra casa o nuestra vida. Pero recuerda que ese techo solamente lo puedes construir bajo la guía y las instrucciones de nuestro Arquitecto Perfecto, que es Jesús.

Pero aquí no se detiene nuestro trabajo, una vez que casi completamos la casa, tenemos que asegurarnos que los componentes interiores de nuestra casa estén de acuerdo a la voluntad de Dios para nuestra vida. Vamos a ver que mas necesitamos en nuestra casa espiritual.

Capítulo 8

CONTROLANDO LA TEMPERATURA ESPIRITUAL

Ahora entramos en otra de las etapas interesantes de la construcción, porque vamos a trabajar con un componente interior de nuestra casa. Una vez que nuestra casa esta construida es importante que le demos constante atención para así darle el mantenimiento apropiado. Uno de los elementos importantes de una casa física es el control de la temperatura dentro de la casa.

Una de las funciones importantes de una casa es de protegernos de los elementos externos, entre estos el clima. Quiero que pongas mucha atención a este hecho, para que entendamos bien como aplica a la construcción de nuestra casa espiritual. Cuando una casa esta localizada en un lugar donde hay extremos en cuanto a las estaciones del año, en otras palabras donde hay calor o frío extremos, es importante que esa casa tenga un sistema de control de clima.

El sistema de control de clima crea un ambiente agradable dentro de la casa sin importar la temperatura actual afuera de la casa. Es importante en casos de calor extremos, el mantener una temperatura agradable dentro de la casa la cual evita el exceso de humedad y el deterioro interior de la casa, a la vez que provee a sus ocupantes un ambiente agradable en el cual habitar. De la misma manera es importante en casos de frío extremo, el mantener una temperatura agradable dentro de la casa la cual previene el congelamiento de los sistemas de agua de la casa, a la vez que provee un ambiente habitable a los que viven en la casa.

Un Problema de Temperatura Espiritual

Con esto en mente, te quiero llevar a un pasaje bíblico para que veamos que tiene que decir Dios en cuanto a este asunto de la temperatura. En el último libro de la Biblia, encontramos unos mensajes que se le enviaron a unas iglesias del tiempo de los apóstoles, pero los cuales tienen implicaciones proféticas para nuestro día.

Yo quiero que analicemos el mensaje a la iglesia de Laodicea que se encuentra en el capítulo 3, pero quiero que pongas atención a los versos 14-16 y el verso 22: **"Escribe al ángel de la iglesia de Laodicea: Esto dice el Amén, el testigo fiel y veraz, el soberano de la creación de Dios: Conozco tus obras; sé que no eres frío ni caliente. ¡Ojala fueras lo uno o lo otro! Por tanto, como no eres ni frío ni caliente, sino tibio, estoy por vomitarte de mi boca. 22-El que tenga oídos, que oiga lo que el Espíritu dice a las iglesias."**

Voy a hacer referencia solamente a esta parte del mensaje a la iglesia de Laodicea, y no voy a entrar en las implicaciones proféticas de cual es la iglesia de Laodicea en nuestros días, porque quiero que analicemos este mensaje a un nivel personal. Quiero que lo apliques a tu vida y a tu relación personal con Dios.

Cada uno de nosotros tenemos que entender que somos de manera individual la iglesia de Dios. Cuando nos unimos venimos a componer la iglesia universal de Cristo o el cuerpo de Cristo, pero como personas, cada uno es una iglesia. Así que tomemos este mensaje de parte de Jesús a la iglesia de Laodicea a un nivel personal y veamos como nos afecta en la construcción de nuestra vida como casa espiritual.

En una noche del mes de mayo del 2009, mientras estaba en el proceso de escribir este libro, estaba meditando en la palabra y le pregunté algo al

Señor. Unos días antes me había enterado de una noticia que me dolió en lo personal, un gran hombre de Dios al cual yo admiraba como persona y ministro de Dios, por sus logros personales los cuales incluían libros y grandes predicaciones, había caído en pecado y perdió su ministerio y reputación.

Además, en ese mismo tiempo me estaba dando cuenta de una situación existente en muchos miembros de las iglesias y le preguntaba a Dios: ¿porqué hay tanta indiferencia y apatía hacia tu palabra? ¿Cómo es posible que hombres y mujeres que tu haz estado usando para tu obra, te den la espalda y se vuelvan al mundo del cual salieron y han condenado tanto? ¿Porqué a muchos tus palabras no le causan un mayor impacto mas allá de simplemente gustarle lo que se habla del púlpito?

Es posible que tú te hayas preguntado lo mismo o quizás muchas preguntas más, pero tengo que decirlo con pena que es una condición general de muchos en la iglesia. Mientras meditaba en estas preguntas, llegaba una respuesta a mi corazón la cual me llevo a estudiar el mensaje de Jesús a la iglesia de Laodicea. La respuesta que llegaba a mi corazón era esta: "es que mi iglesia tiene un problema de temperatura." Eso me hizo pensar y pedirle a Dios que me diera una revelación fresca de este mensaje.

En el proceso busqué lo que otras personas habían escrito acerca de este mensaje y me di cuenta que muchos le han dado una interpretación que creo que no llega al fondo o a lo que realmente Dios nos quiere decir. Me di cuenta que muchas de las interpretaciones estaban basadas en lo que estamos acostumbrados nosotros a llamar frío o caliente y no en el mensaje real de la palabra.

Muchos dicen que la palabra "frío" en el mensaje a Laodicea se refiere a la gente del mundo y que como no conocen de Dios están en mejor condición que los que conocen y están "tibios". Pero eso no tiene sentido cuando seguimos leyendo y Dios dice que Él quisiera que fuéramos lo uno o lo otro, porque sino nos vomitará de su boca. Analizando el mensaje seria ilógico pensar entonces que estar en el mundo se refiere a estar "frió" ya que no hay un rechazo de parte de Dios, y sabemos que estar en el mundo y no reconocer a Jesús como nuestro Señor y Salvador te lleva a la destrucción.

Teniendo esto en cuenta, ¿cuál es el mensaje que nos quiere dar Jesús mediante su Espíritu? ¿Cuán importante es para Dios el que mantengamos una temperatura agradable en nuestra vida o casa espiritual?

Manteniendo la Temperatura Correcta

Analizando el mensaje a la iglesia de Laodicea, podemos ver que ambos términos utilizados, tanto frió como caliente, describen algo agradable. Este mensaje esta dirigido a la iglesia o como dije anteriormente a cada uno de nosotros como iglesia individual y no habla de las personas que no conocen de Dios. Jesús esta comparando la condición de la iglesia o de cada miembro de la iglesia con algo que Él tiene que comer o consumir y por el hecho de estar tibio ocurre un rechazo que conduce al vómito.

El estar caliente no es estar en fuego o quemándonos, ni el estar frió significa estar muerto, ambos son algo deseable como un vaso frió de agua en un día caluroso. Imagínate tomarte un vaso de agua tibia en un día de mucho calor, es algo desagradable que tu estómago rechaza.

Cuando hablamos de caliente, podemos imaginarnos una taza de chocolate o café caliente en un día frió, es algo que cae bien al estómago y no rechazamos. Pero imagínate la misma taza pero con chocolate o café tibio, que mal cae al estómago. Ese es el mensaje o la revelación de la palabra acerca de la importancia de nuestra temperatura, ¿pero como lo aplicamos a nuestra vida? Vamos a ver.

Mientras estudiaba este mensaje, pude aprender muchas cosas interesantes acerca de la temperatura y sus efectos en el ambiente. Una de las cosas que pude aprender es, que en las clases que se le dan a los estudiantes de ciencias forenses, se les enseñan diferentes métodos para determinar por cuanto tiempo ha estado muerto un cuerpo humano.

Muchos de estos métodos son complicados, pero un método simple consiste en comparar la temperatura del cuerpo con la temperatura ambiente porque un cuerpo muerto asume la temperatura del ambiente que lo rodea y eso es lo que estaba pasando con la iglesia de Laodicea. Algo tibio es algo que ha adquirido la temperatura ambiente y esta muerto, es algo desagradable.

Uno de los problemas serios en esta iglesia era que el mundo que la rodeaba estaba ejerciendo influencia en la iglesia y la iglesia había perdido su influencia en el mundo. Esto lo podemos aplicar directamente a nuestra vida personal y a la importancia de mantener una temperatura correcta para no ser rechazados o vomitados por Dios.

Nuestra vida como casa espiritual no puede estar a la misma temperatura del ambiente que nos rodea, tenemos que usar nuestro sistema de control de clima. No podemos estar sobre-influenciados por el mundo que nos rodea y lo que el mundo ofrece, porque entonces no podemos influenciar nuestro ambiente.

Como hijo(a) de Dios, tú has sido llamado a influenciar al mundo, no a que el mundo ejerza influencia en ti. El problema hoy en día es que muchos en el cuerpo de Cristo están siendo severamente influenciados por el mundo eliminando el contraste o la diferencia que tiene que existir entre los hijos de luz y los hijos de la oscuridad.

Mi deseo es que entiendas que el asumir la temperatura del mundo nos lleva al camino de la muerte espiritual y física, a la misma vez que apaga nuestra luz y ya no causamos ningún impacto en el mundo que nos rodea. Vez tras vez la Palabra de Dios nos advierte en cuanto a no dejarnos influenciar por el mundo.

El Apóstol Pablo advierte a su discípulo Timoteo y le describe la condición en que vivimos nosotros hoy día, le dijo y nos dice a nosotros: **"Ahora bien, ten en cuenta que en los últimos días vendrán tiempos difíciles. La gente estará llena de egoísmo y avaricia; serán jactanciosos, arrogantes, blasfemos, desobedientes a los padres,**

ingratos, impíos, insensibles, implacables, calumniadores, libertinos, despiadados, enemigos de todo lo bueno, traicioneros, impetuosos, vanidosos y más amigos del placer que de Dios. Aparentarán ser piadosos, pero su conducta desmentirá el poder de la piedad. ¡Con esa gente ni te metas!" 2 Timoteo 3:1-5.

Esta advertencia del Apóstol Pablo debería calar muy profundo en nuestra vida porque es un consejo dado con amor a cada uno de nosotros para evitarnos caer en una situación que nos lleve a ser igual que la gente del mundo. Como hijos de Dios tenemos que reconocer que la descripción que nos da Pablo acerca de la gente en estos últimos días, es exactamente lo que estamos viendo en el mundo. Él nos advierte que ni nos metamos con esta clase de gente, en otras palabras que no seamos igual a ellos, que no asumamos la temperatura de la gente del mundo.

Cuando no nos cuidamos y no nos alejamos de estas personas, empezamos a confundirnos entre ellos hasta el punto que no se puede diferenciar entre ellos y nosotros. Eso sucede cuando asumimos la temperatura del ambiente que nos rodea. Es por eso la importancia de tener un buen sistema de control de clima en nuestra casa espiritual.

El problema principal está en como mantenernos alejados del mundo pero a la misma vez vivir en ese mundo y causar un impacto. La respuesta esta en mantener una temperatura diferente porque sabemos que en el mundo que esta alejado de Dios lo que hay es muerte, y Jesús dijo: **"Ciertamente les aseguro que el que oye mi palabra y cree al que me envió, tiene vida eterna y no será juzgado, sino que ha pasado de la muerte a la vida." Juan 5:24.**

Entonces, si hemos pasado de muerte a vida por nuestro conocimiento de la palabra y por haber aceptado a Jesús como nuestro Señor y Salvador, no podemos tener una temperatura de muerte o una temperatura ambiente como la del mundo que nos rodea.

Definitivamente, una vez que hemos tomado la decisión de seguir a Jesús, nuestra temperatura cambia. Venimos a ser como alimento agradable a Dios, en su trato con nosotros el se complace de que no somos igual ni estamos asumiendo la temperatura del mundo que nos rodea.

Tienes que entender que Dios te ha llamado a causar un impacto en tu ambiente por medio de tu vida como casa espiritual. Tu casa espiritual está en medio de un mundo que rechaza a Dios, por eso tu casa espiritual tiene que ser diferente. Que cuando la gente que te rodea mire tu casa, puedan ver una estructura bien fundada en Jesús, que puedan ver la luz de la Palabra de Dios saliendo por tus ventanas y puertas. Y que reconozcan que eres diferente a ellos porque mantienes una temperatura agradable y de refrigerio.

El mismo Jesús nos habla acerca del impacto que tú y yo tenemos que causar cuando en el evangelio según Mateo nos dice: "**Ustedes son la luz del mundo. Una ciudad en lo alto de una colina no puede esconderse. Ni se enciende una lámpara para cubrirla con un cajón. Por el contrario, se pone en la repisa para que alumbre a todos los que están en la casa. Hagan brillar su luz delante de todos, para que ellos puedan ver las buenas obras de ustedes y alaben al Padre que está en el cielo." Mateo 5:14-16.**

Jesús nos esta diciendo que tenemos que brillar en el mundo que nos rodea. Una luz produce calor y energía en el ambiente que la rodea, así también nosotros hemos sido llamados a producir un cambio de temperatura en nuestro ambiente. Hemos sido llamados a ser diferentes y a no acostumbrarnos a lo que nos rodea.

Pero para lograr esto, tenemos que salir de nuestra zona de comodidad. Es mucho más fácil para cualquier persona el seguir el flujo o la corriente del ambiente que te rodea, en otras palabras ir con la corriente del mundo. Pero Dios quiere que nosotros vayamos en contra de la corriente del mundo y para poder lograrlo requiere valentía y esfuerzo de nuestra parte.

Requiere que nos determinemos a no quedarnos en el mismo lugar y hacer el cambio o los cambios necesarios para lograr una vida productiva y diferente del mundo en que vivimos. Si seguimos en la corriente del mundo, nuestra casa espiritual se destruirá, no será mas que ruinas en un mundo que esta arruinado. Cuando seguimos la corriente del río del mundo, nos hundimos y nos ahogamos junto con todas esas personas que han puesto a Dios a un lado y entonces nos convertimos en personas indiferentes a lo que pasa a nuestro alrededor.

El Apóstol Pablo nos advierte en cuanto a esto y nos dice: **"Porque ustedes antes eran oscuridad, pero ahora son luz en el Señor. Vivan como hijos de luz (el fruto de la luz consiste en toda bondad, justicia y verdad) y comprueben lo que agrada al Señor. No tengan nada que ver con las obras infructuosas de la oscuridad,** *sino más bien denúncienlas***"** **Efesios 4:8-11** (énfasis mío).

Dios es bien claro en su palabra y en esta advertencia que el Apóstol Pablo nos da podemos ver la importancia del cambio que tiene que ocurrir en una persona al venir a los pies de Jesús. Hemos salido de la oscuridad del mundo que nos rodea a causar un impacto y ser la diferencia, porque lo contrario a la oscuridad es la luz.

Nuestra vida, en su totalidad tiene que ser un reflejo de los que somos en Cristo. En esta etapa de construcción es cuando realmente nos comprometemos con Dios a hacer su obra y cumplir con el propósito que el ha designado para nuestra vida.

Es tiempo de tomar una posición firme y estable en nuestra vida. Fíjate que en la advertencia que nos de al Apóstol Pablo existe una acción la cual demuestra si verdaderamente somos la luz o la diferencia en nuestro ambiente. Pablo no nos dice solamente que no tengamos nada que ver con la obras del mundo, sino que nos insta a denunciarlas. Esta acción de denunciar las obras de la oscuridad nos lleva a exponer públicamente nuestra vida en Cristo.

Venciendo la Oposición

Para toda construcción hay un precio que pagar, y es lo mismo cuando decidimos construir nuestra vida como casa espiritual. Algo que también tienes que tener en mente es que mientras mas adelantemos en la construcción, más oposición y problemas van a surgir para tratar de detener la obra que Dios ha comenzado y edificado en tu vida.

Tener un sistema de control de clima el cual nos ayude a mantener la temperatura correcta en nuestra casa espiritual, requiere de la búsqueda constante de la presencia de Dios en nuestra vida. Requiere tener un tiempo de intimidad con Dios para que nuestro termostato funcione correctamente.

Tenemos que tener la mima actitud que tuvo Salomón mientras construía el templo de Dios. No se conformó con lo básico o lo mínimo requerido para la construcción del templo. Al contrario, se esmeró por darle a Dios lo mejor, la mejor calidad, los mejores materiales, el mejor diseño y la mejor adoración. Cuando leemos el relato vemos como Dios se complació en aquella obra y su Divina Presencia llenó el templo, a tal magnitud que nadie podía entrar a aquel lugar, 2 Crónicas 5:14.

Hay veces que queremos rendirnos y sentimos que no podemos seguir adelante. El mundo o el ambiente que nos rodea ejercen presión en nosotros como un molde que quiere convertirnos o moldearnos a lo que le mundo quiere de nosotros. Es en esos momentos de presión cuando sentimos que perdemos nuestra temperatura, cuando tenemos que reconocer que sin Dios nada podemos lograr y pedir de su ayuda mediante el Espíritu Santo.

Recuerda que Dios nos ha designado como su templo, como casa del Espíritu Santo y es por eso la importancia de construir nuestra vida como casa espiritual, digna de recibir al Espíritu Santo de Dios.

Si en algún momento empezamos a asumir la temperatura del mundo que nos rodea, estaremos creando un ambiente o un clima desagradable en nuestra casa espiritual, el cual puede hacer que el Espíritu Santo de Dios se contriste. Es en esos momentos cuando sientes una incomodidad por cualquier cosa que estés haciendo que vaya en contra de los principios de Dios. Es el mismo Espíritu Santo de Dios dejándote saber que algo anda mal y que debes arreglar tu temperatura.

Lo más lindo del proceso de construcción de nuestra vida es que nunca estamos solos. Contamos con la unidad de Dios, su hijo Jesús y el Espíritu Santo como nuestro ayudante y consolador. Es interesante el hecho de que justo antes de morir, Jesús hizo una oración al Padre. En esa oración, la cual esta registrada en su totalidad en el evangelio de Juan, capítulo 17, Jesús ora por sus discípulos y le pide al Padre que los protegiera aquí en el mundo para que mantuvieran la unidad a pesar del odio que experimentarían de parte del mundo.

Me gustan mucho las palabras de Jesús en los versículos 14 al 15 cuando dice: **"Yo les he entregado tu palabra, y el mundo los ha odiado porque no son del mundo, como tampoco yo soy del mundo. No te pido que los quites del mundo, sino que los protejas del maligno. Ellos no son del mundo, como tampoco lo soy yo."**

Jesús nunca dijo que no tendríamos oposición del mundo o el ambiente que nos rodea, al contrario, Jesús sabía que sus discípulos experimentarían el odio del mundo. Pero recuerda que el mundo no odia a lo que es del mundo, sino a todo aquello que hace la diferencia y se sale de la norma del mundo.

Lo más interesante del caso, es que Jesús no solamente oró por los discípulos que estaban con Él en aquel tiempo. Sino que reconociendo que muchos más le seguirían en el futuro, también oró por ti y por mí. En los versículos 20 al 23, Jesús le pide al Padre: **"No ruego sólo por éstos. Ruego también por los que han de creer en mí por el mensaje de ellos, para que todos sean uno. Padre, así como tú estás en mí y yo en ti, permite que ellos también estén en nosotros, para que el mundo crea que tú me has enviado. Yo les he dado la gloria que me diste, para que sean uno, así como nosotros somos uno: yo en ellos y tú en mí. Permite que alcancen la perfección en la unidad, y así el mundo reconozca que tú me enviaste y que los has amado a ellos tal como me has amado a mí."**

Esa oración sigue aun vigente y activa en nuestro día. Tenemos que reconocer que Dios habita en nosotros por medio de su Espíritu Santo y nos da las fuerzas para mantener la unidad de la iglesia. Por eso no podemos asumir una temperatura de muerte o una temperatura ambiente, hemos sido llamados a reflejar la gloria de Dios que está en nosotros.

La meta final en la construcción de nuestra vida como casa espiritual es que la gente que nos rodea reconozcan a nuestro Dios. Que puedan llegar al convencimiento de que Jesús es real y que Dios en su infinito amor entrego lo mas preciado, su hijo Jesús para que diera su vida por la humanidad pecaminosa.

Gracias a ese sacrificio, tú y yo tenemos el gran privilegio de poder recibir al Espíritu Santo de Dios en nuestra vida. Un privilegio con responsabilidad, la responsabilidad de darlo a conocer al mundo o al ambiente que nos rodea por medio de nuestra vida y nuestro testimonio. Por medio de causar un impacto, como lo hizo el Apóstol Pablo, que a pesar de enfrentar la muerte siguió proclamando el evangelio de Jesús.

Mientras escribía acerca de este tema, el Señor me decía que en su pueblo existe un problema de temperatura. Es por eso la importancia del mensaje a la iglesia de Laodicea. Pero tenemos que llevar ese mensaje a un nivel personal y reconocer nuestra condición y nuestra temperatura.

Lo bello del asunto es que como te dije anteriormente, no estás solo o sola durante la construcción de tu vida. Nuestro arquitecto, Dios, nuestro maestro de obra, Jesús y nuestro ayudante, el Espíritu Santo, te acompañan en cada paso de tu obra y proyecto. Puedes estar seguro que no importa lo que el mundo piense de ti, Dios se agrada de ti y te recompensará por tu obediencia a su palabra.

Aún nos quedan varias cosas por terminar en nuestra casa espiritual. Hay varias terminaciones que hacer y también tenemos que aprender a mantener nuestra casa. Pero por ahora me gustaría que pusieras el libro a un lado y dediques un tiempo de intimidad con Dios. Es importante que Dios hable a tu vida y no solo este libro. Pídele a Dios con toda confianza que te revele las áreas de tu vida que necesitan un cambio de temperatura. Vas a ver que cuando rendimos estas áreas a Dios, se nos va haciendo mucho más fácil continuar nuestra construcción.

Capítulo 9

OPCIONES Y MANTENIMIENTO

Ya a estas alturas te debes sentir como todo un maestro(a) de obras. Tu casa espiritual, la cual es tu vida, está en la etapa culminante de las terminaciones. Como toda casa que se construye, llega el momento de escoger las opciones de nuestra casa espiritual, pero esto no se queda así. Porque así como es importante construir nuestra vida con calidad y excelencia, nuestra casa espiritual también necesita mantenimiento al igual que una casa física.

Si has tenido la experiencia de haber construido una casa o de haber comprado una casa nueva, uno de los momentos emocionantes es el de escoger las opciones de la casa. Usualmente cuando construimos una casa física, estas opciones se escogen al momento de llenar el contrato de la casa y casi nunca se pueden cambiar una vez que has firmado el contrato.

Podríamos decir que estas opciones son las que visten la casa, muchas de estas opciones no son realmente necesarias, pero añaden un toque especial a la casa. Algunas de estas opciones son lujos los cuales vienen a realzar el interior de la casa.

Cuando hablamos de las diversas opciones que podemos encontrar en una casa, podemos mencionar diferentes tipos de pisos. Por ejemplo, existen opciones de pisos de cerámica, pisos de madera o alfombras. Para cada gusto existe una opción. Existen opciones en cuanto a los colores de pintura que se usaran adentro y fuera de la casa. Para cada gusto existe un color.

Otras opciones pueden estar relacionadas con los enseres eléctricos y otras con cosas que se le pueden añadir a la casa, como por ejemplo una chimenea o un balcón cubierto con techo. A la verdad que tomar estas decisiones al momento de comprar una casa puede ser muy difícil porque todavía la casa no esta construida y no hay un cuadro completo de como será la casa.

No solamente hay diversidad de opciones al comprar una casa, sino que cada una de estas opciones acarrea un costo adicional. En otras palabras, mientras más opciones quieras en tu casa más alto será el precio a pagar.

Escogiendo las Opciones y Pagando el Precio

Con eso en mente, te quiero llevar a aplicar esto a la construcción de tu vida como casa espiritual. Es el momento apropiado para escoger las opciones de nuestra casa espiritual. Pero recuerda, hay un precio a pagar.

Cuando digo que hay un precio que pagar, primeramente no me refiero a un precio de dinero literal, tampoco estoy hablando de algo que puedes comprar y obtener de manera fácil. Cuando hablamos de las opciones de nuestra casa espiritual, me estoy refiriendo a los Dones del Espíritu Santo, los cuales son un regalo de parte de Dios.

Pero entonces, ¿porqué digo que hay un precio a pagar, si son un regalo de parte de Dios? ¿Sería ilógico pensar entonces que existe alguna manera de nosotros decidir cuales de esos dones queremos o anhelamos tener en nuestra casa espiritual?

El precio a pagar es un precio espiritual, es un precio que se paga con nuestra vida. Es el precio del compromiso, y no es un compromiso con hombres sino un compromiso con Dios. Dios esta observando como estamos construyendo nuestra vida y está viendo nuestro corazón y la actitud que tenemos hacia el propósito que Él tiene para nosotros.

El obtener de parte de Dios los dones del Espíritu Santo es otro nivel de nuestra casa espiritual. Una cosa es que el Espíritu Santo de Dios venga a morar en nosotros y otra cosa es que obtengamos de parte de Dios los dones del Espíritu Santo, los cuales se manifiestan a través de nuestra vida en lo físico.

Uno de los precios a pagar es el de ser buenos administradores de todo aspecto en nuestra vida. Esto incluye ser buenos administradores de nuestra salud, de nuestro tiempo, de nuestro dinero, de nuestro trabajo, de nuestra familia, etc. Primeramente reconociendo que nada es nuestro, sino que todo le pertenece a Dios y Él nos permite administrar lo que nos ha dado.

Nuestro Dios es un Dios de orden y no va a confiar los dones de su Espíritu a cualquier persona, especialmente si no somos buenos administradores. Uno de los propósitos principales de obtener los dones espirituales como una opción de nuestra casa espiritual, es el de poder compartir e impartir a otros lo que Dios nos ha dado, su Espíritu Santo. Es por eso que en esta etapa de nuestra construcción, es importante que tengamos una relación de intimidad con nuestro Padre celestial y le demostremos nuestro anhelo por su servicio.

Así como existen muchas opciones a escoger para una casa física, también la Palabra nos habla y nos dice que existen diversidad de dones espirituales. Y no solamente diversidad de dones, sino también diversidad de ministerios y operaciones dentro del Cuerpo de Cristo, el cual somos todos nosotros como iglesia. El Apóstol Pablo escribió acerca de esto en varias de sus cartas y destacó la importancia de estos dones, ministerios y operaciones.

Se destacan en este asunto las palabras del Apóstol Pablo registradas en su primera carta a los Corintios, en el capítulo 12, versos 4 al 7, cuando nos dice: **"Ahora bien, hay diversos dones, pero un mismo Espíritu. Hay diversas maneras de servir, pero un mismo Señor. Hay diversas funciones, pero es un mismo Dios el que hace todas las cosas en todos."**

Quiero que pongas mucha atención a esas palabras de Pablo y fíjate que Pablo menciona básicamente tres categorías de dones espirituales. Primero menciona los dones y hace referencia al Espíritu, después menciona las maneras de servir o ministerios y hace referencia al Señor y después menciona las funciones u operaciones y hace referencia a Dios. Cuando analizamos estas palabras con la revelación del Espíritu Santo, podemos entender el significado de cada una de esas categorías de dones espirituales.

No voy a entrar en un estudio profundo de los dones espirituales, creo que de este tema mucho se ha escrito. Lo que quiero es llevarte a la convicción de que Dios, en su infinita misericordia, nos muestra su amor por medio de darnos la oportunidad de obtener y manifestar estos dones espirituales. Es aquí donde tenemos que decidir si queremos o no queremos estas opciones en nuestra vida como casa espiritual.

La primera categoría que nos habla el Apóstol Pablo es sencillamente dones. En su carta a los Romanos, capítulo 12, versos 3 al 8, y en su primera carta a los Corintios, capítulo 12, versos 28 al 31, el Apóstol Pablo menciona cuales son estos dones. Resumiendo la lectura de la Palabra, encontramos que entre estos dones están la profecía, el servicio, la enseñanza, la exhortación, el dar, la administración y la misericordia. Estos dones son motivos o habilidades innatas que Dios pone en nuestra vida y una vez que somos nacidos de nuevo, tenemos que activar y usar estos dones para el servicio de Dios.

En otras palabras, no podemos esconder nuestras habilidades naturales ni nuestro deseo natural de hacer el bien, porque este es el propósito principal de estos dones que Dios ha puesto en nuestra vida. Estos dones son opciones que Dios nos da en nuestra vida o nuestra casa espiritual para que nos desarrollemos en el servicio a Dios por medio de servir al prójimo.

Ahora bien, el Apóstol Pablo también hace referencia a una diversidad de maneras de servir o ministerios, y estos ministerios son dados por Jesús a su iglesia para edificación de la iglesia o el cuerpo de Cristo. Cuando leemos en la misma primera carta a los Corintios, capítulo 12, versos 28 al 31, y en la carta a los Efesios, capítulo 4, versos 11 y 12, podemos ver cuales son estos ministerios.

Entre los ministerios que se mencionan en la Palabra están el de ser Apóstol, ser Profeta, Evangelista, Pastor o Maestro. Recuerda que estos dones o estas opciones para nuestra vida son otorgadas por Jesús y lo que nos proveen son una oportunidad de ministerio para poder ejercer los dones que el Espíritu Santo nos ha otorgado. Ninguno de estos ministerios tiene el propósito de engrandecer a una persona, sino al contrario, lo que hacen es proveer un medio de engrandecer a Dios por medio de nuestra vida y nuestro servicio.

El Apóstol Pablo también hace mención de una diversidad de funciones u operaciones, y es aquí donde llegamos a un nivel de opciones que verdaderamente deberíamos anhelar en nuestra vida. Es en este nivel cuando estamos trabajando directamente con Dios en la manifestación de los dones espirituales. Estas operaciones son las manifestaciones del Espíritu Santo, no solamente en nuestra vida, sino en la vida de los que reciben nuestro ministerio.

Es en estas operaciones donde el control absoluto de nuestra vida depende del Espíritu Santo de Dios y Él se manifiesta como según Él lo determine. En la primera carta a los Corintios, el mismo capítulo 12, versos 7 al 11 y 28 al 31, se hace referencia a cuales son estas operaciones. Entre estas operaciones esta la Palabra de Sabiduría, la Palabra de Ciencia, la Fe, la manifestación de Sanidad, de Milagros, de Profecía, el Discernimiento de Espíritu, el hablar en Lengua y la Interpretación de Lenguas.

Como puedes ver, al igual que cuando vamos a escoger las opciones para una casa física, existen diferentes niveles de opciones y así mismo es con los dones espirituales. Ahora bien, la pregunta es, ¿cómo puedo obtener o recibir de parte de Dios estos dones? ¿Cómo puedo saber cuales dones tengo para ponerlos en práctica?

Son buenas preguntas y cuando hablamos de este tema, me gustan las palabras que el Apóstol Pablo dijo en 1 Corintios 14:1 cuando nos dice: **"Empéñense en seguir el amor y *ambicionen* los dones espirituales, sobre todo el de profecía."** (énfasis mío). Pablo nos habla de una ambición por obtener estos dones espirituales. La palabra ambición se traduce como "un deseo ardiente de conseguir algo", en otras palabras el Apóstol Pablo nos dice que tengamos un deseo más allá de lo normal por obtener los dones espirituales.

Cuando anhelamos algo tan precioso como lo son los dones del Espíritu Santo, tenemos que asegurarnos que nuestra vida vaya en acorde con nuestro deseo. Que la construcción de nuestra vida como casa espiritual se lleve a cabo de acuerdo a la voluntad de Dios y que reflejemos en nuestra vida la personalidad de Jesús.

Dios esta buscando corazones y vidas comprometidas en las cuales derramar su Espíritu Santo de forma sobrenatural. El hecho de que anhelemos o ambicionemos estos dones, no nos garantiza que los obtendremos. Tampoco podemos esperar obtener ministerios o manifestar operaciones en nuestra vida, si no hemos empezado a utilizar los dones básicos o dones innatos que ya tenemos. Tenemos que primeramente ser fieles en lo poco para poder crecer espiritualmente y de esta manera demostrarle a Dios nuestro compromiso con su Palabra y su servicio.

Otra de las cosas que debes hacer es aprender más acerca de los dones y el significado de cada uno de los dones espirituales, para así entenderlos y saber cuales desear. La razón por la cual existen diversidad de dones es porque somos el cuerpo de Cristo y cada uno de nosotros tiene una función diferente, pero con una misma meta o propósito.

Dios da estos dones a quien le place, lo único que nosotros podemos hacer es ambicionar los dones y vivir una vida en santidad para Dios. Una vida que demuestre que nuestro anhelo de recibir estos dones es

real. Muchos se conforman con solamente hacer uso de sus habilidades o dones naturales, por eso caen en un conformismo y muchas veces se preguntan porque otros tienen dones que ellos no tienen. Pero no se dan cuenta que lo que Dios esta pidiendo de ellos es un poco más, un poco más de compromiso, un poco más de anhelo por su Espíritu Santo.
Chimenea Espiritual

Una de las opciones que más me gustan en una casa es la de tener una chimenea o como se le conoce en inglés, un "fireplace". Es tan bonito sentarse con la familia en una noche invernal al frente de la chimenea y observar el fuego, sentir su calor, oler el aroma de la madera y escuchar el sonido de la madera al quemar. Es una experiencia muy relajante y trae un cierto tipo de paz al ambiente.

En nuestra casa espiritual, también necesitamos una chimenea o "fireplace" espiritual. En esta chimenea vamos a encender un fuego muy especial, un fuego que primeramente se hace manifiesto en nuestra vida y la gente que nos vea se dará cuenta que este fuego esta ardiendo en nosotros. Un fuego que mantendrá el calor en nuestra casa espiritual mientras que el mundo a nuestro alrededor se congela sin Dios. Un fuego que trae un aroma agradable a nuestra vida y nos llena de la paz de Dios, una paz que sobrepasa todo entendimiento (Filipenses 4:7).

Ese fuego es el Fuego del Espíritu Santo de Dios. Un fuego santo que tenemos que contener en nuestra vida y por eso necesitamos la chimenea o el "fireplace" espiritual. Obtener este fuego significa tener la unción del Espíritu Santo de Dios, una unción que tenemos que aprender a utilizar y administrar al igual que los dones del Espíritu Santo de Dios. No es un fuego que puede estar sin control en nuestra vida, es por eso la razón de la chimenea, a la vez que contiene el fuego, también da señales a otros de la unción que hay en nuestra vida. Así como de una chimenea sale humo y olor a la madera que se esta quemando, así saldrá de nosotros la unción y el aroma del Espíritu Santo de Dios. Mantenimiento de Nuestra Casa Espiritual

Todo dueño de una casa sabe que se requiere mantenimiento continuo para mantener la casa en buena condición. No importa la edad de la casa, sea nueva o antigua, requiere atención de parte del dueño de la casa para evitar que se deteriore y minimizar las reparaciones. En mi carrera he visto como muchas personas no tienen ni idea de lo que se requiere para mantener una casa. Viven por años en una casa, no le dan mantenimiento y de momento se encuentran con un problema y una reparación muy costosa, la cual se pudo haber evitado con mantenimiento a tiempo.

No podemos dejar que pase esto en nuestra casa espiritual. Al igual que una casa física, nuestra vida necesita mantenimiento espiritual para evitar problemas y reparaciones que después tengamos que lamentar. Algunos cristianos que llevan mucho tiempo en los caminos del Señor, se han descuidado y han permitido que el fundamento de su vida, o quizás su piso espiritual o las paredes espirituales, se deterioren y abren una brecha al enemigo.

Tenemos que cuidarnos de no caer en el conformismo espiritual, el conformismo espiritual es como el agua estancada que no causa impacto. Es como acostumbrarse a la temperatura ambiente y estar en un estado de muerte espiritual. Anteriormente consideramos la importancia de no ser tibios y de mantener una temperatura de impacto en el mundo que vivimos.

Es importante recordar que tenemos un enemigo que no quiere vernos activos y que desea ver nuestra casa espiritual en ruinas. Y él se alegra cuando ve que no tenemos una agenda de mantenimiento para nuestra vida. Satanás sabe que de esa manera tarde o temprano vamos a enfrentar una crisis en nuestra casa espiritual y si no estamos preparados podemos caer en sus trampas.

El Apóstol Pedro nos advierte: **"Practiquen el dominio propio y manténganse alerta. Su enemigo el diablo ronda como león rugiente, buscando a quién devorar. Resístanlo, manteniéndose firmes en la fe, sabiendo que sus hermanos en todo el mundo están soportando la misma clase de sufrimientos. Y después de que ustedes hayan sufrido un poco de tiempo, Dios mismo, el Dios de toda gracia que los llamó a su gloria eterna en Cristo, los restaurará y los hará fuertes, firmes y estables." 1 Pedro 5:8-10.**

En estas palabras, Pedro nos da la clave para el mantenimiento de nuestra casa espiritual. Él nos dice que practiquemos el dominio propio, en otras palabras que aprendamos a controlar nuestros deseos carnales y le demos lugar al Espíritu Santo de Dios que tome el control de nuestras vidas. Otra clave importante es mantenernos alerta, estar a la expectativa de lo que Dios va a hacer. Estar alerta requiere de nosotros una constante búsqueda de la intimidad con Dios para así escuchar su voz. También requiere hambre por su Palabra la cual nos alimenta y nos sostiene en todo tiempo.

Satanás es un oportunista, por eso se le compara con un león. Un león analiza su presa y cuando ve un grupo del animal que vaya a atacar, los analiza y busca entre el grupo al que esta enfermo, al que esta rezagado, al que esta solo o al que es mas joven. Esto es una gran lección para nosotros, tenemos que entender de la manera que nuestro enemigo quiere atacarnos para así poder evitar que nos devore.

Nuestro enemigo se aprovecha de nuestras debilidades y es por eso que Pedro nos dice que lo resistamos por medio de mantenernos firmes en nuestra fe. Muy importante también es reconocer que no estamos solos y que nuestros hermanos en la fe también están pasando por dificultades. Por eso es importante el mantenernos unidos. fortalecernos unos a otros y velar los unos por los otros.

Pero lo mejor es el resultado final en el que el mismo Dios nos restaurará y nos hará fuertes, firmes y estables. Cuando eso sucede, no hay tormenta que pueda derrumbar nuestra casa espiritual, nuestra vida viene a ser una casa fuerte, firme y estable en la cual el mismo Espíritu Santo de Dios se complace en habitar.

La construcción de nuestra vida como casa espiritual no tiene fin. Tenemos que seguir edificando hasta que llegue ese momento glorioso que describe la Palabra, cuando Jesús venga por su iglesia y vayamos con Él. Pero hasta que ese momento ocurra, tenemos que esforzarnos por construir con excelencia y mantener lo construido. En esta etapa tenemos que tener cuidado con que llenamos nuestra casa y eso lo vamos a considerar en el capítulo siguiente.

Este es un buen momento de orar a Dios y agradecerle por todo lo que ha hecho en nuestra vida. Recuerda que nunca te abandonará y siempre estará ayudándote en la construcción de tu vida. Es importante tener una actitud de agradecimiento por la obra que Él ha comenzado en nuestra vida, la cual solamente Dios podrá terminar.

Capítulo 10

LLENANDO LA CASA

Uno de los momentos más emocionantes en la construcción de una casa, es el momento en que completamos la casa y tomamos posesión de ella. Es un día emocionante cuando nos damos cuenta que hemos completado la obra de construcción y ahora tenemos un lugar de refugio en el cual habitar.

Es en ese momento cuando empezamos a llenar nuestra casa con nuestras posesiones y el mobiliario. También comenzamos a decorar la casa para crear un ambiente cómodo y a la misma vez que refleje nuestra personalidad. Ese mismo proceso toma lugar en la construcción de nuestra vida como casa espiritual.

Pero cuando hablamos de nuestra vida como casa espiritual, tenemos que prestar mucha atención y saber con que llenar nuestra vida. Anteriormente aprendimos que las ventanas y puertas de nuestra casa permiten acceso al interior de nuestra vida. Pero cuando llegamos a este nivel en el que pudiéramos decir que hemos completado nuestra casa espiritual, no podemos descuidarnos y pensar que ahora podemos dejar entrar o traer cualquier cosa a nuestra vida.

Es interesante notar que cuando tomamos posesión de una casa física en la cual hemos estado envueltos de alguna manera desde el comienzo de su construcción, nos sentimos emocionados por el logro de obtener nuestra casa. Pero cuando entramos a esta casa recién construida, nos damos cuenta que está vacía y es en ese momento cuando empezamos a decidir que vamos a traer a esta casa para convertirla en nuestro espacio.

En ese momento nuestra personalidad y nuestros gustos toman control de nuestras decisiones y como dije antes empezamos a traer a esta casa las cosas que reflejan nuestra personalidad. El mobiliario, las decoraciones, la pintura, todo empieza a convertir esta casa que aunque está construida, está vacía, en nuestro hogar. Un hogar que nos hace sentir cómodo y protegidos por ser nuestro refugio físico.

Ahora las preguntas son, ¿cómo podemos aplicar esto a la construcción de nuestra vida? ¿Qué cosas deberíamos utilizar para llenar nuestra vida? ¿Qué efecto tienen estas cosas en mi vida cristiana?

"Sean llenos del Espíritu"

He aquí la importancia y la razón principal por la cual tenemos que construir nuestra vida como una casa espiritual. Haz aprendido que tu vida tiene que ser digna de recibir el Espíritu Santo de Dios, el cual viene a morar en ti una vez que aceptas a Jesús como tu Señor y Salvador.

La promesa de que el Espíritu Santo de Dios vendrá a morar en nosotros, es una promesa para todo cristiano y es por eso que tenemos que distinguir entre el hecho de que el Espíritu Santo venga a morar en nuestra vida y el ser llenos del Espíritu Santo de Dios.

Jesús, antes de marchar hacia su morada celestial, nos hizo una promesa la cual esta registrada en el evangelio según Juan y dice: **"Y yo le pediré al Padre, y él les dará otro Consolador para que los acompañe siempre: el Espíritu de verdad, a quien el mundo no puede aceptar porque no lo ve ni lo conoce. Pero ustedes sí lo conocen,** *porque vive con ustedes y estará en ustedes.***" Juan 14:16-17** (énfasis mío)

Esta promesa de Jesús se cumple en la vida de todo creyente, es una garantía que el Espíritu Santo viene a morar en tu vida sin ninguna otra condición, solo el ejercer fe en Jesús y aceptar su sacrificio. El Apóstol Pablo dice en su carta a los Efesios: **"En él también ustedes, cuando oyeron el mensaje de la verdad, el evangelio que les trajo la salvación, y lo creyeron, fueron marcados con el sello que es el Espíritu Santo prometido." Efesios 1:13.**

Debido a estas promesas tenemos que estar convencidos y tener la seguridad de lo que somos como cristianos e hijos de Dios. Es por eso que nos hemos esforzado por construir una casa digna de la morada del Espíritu Santo de Dios. Desde sacar el terreno dañino de nuestra vida y cambiarlo por el terreno correcto, hemos aprendido a construir un fundamento basado en Jesús para sostener nuestra casa. Hemos puesto el piso espiritual sobre el cual nos sostenemos y construimos nuestras paredes espirituales las cuales protegen nuestra vida.

Haz logrado construir un techo espiritual, el cual simboliza la cobertura y protección de parte de tu Padre espiritual. Aprendimos a mantener una temperatura agradable a Dios y como mantener nuestra casa espiritual. Pero una vez que hemos completado esos pasos, no podemos entrar en un estado inerte, tenemos que entender que existe una diferencia entre la morada del Espíritu Santo y la llenura del Espíritu Santo.

Cada uno de nosotros representa un templo para Dios. Así como Salomón construyó un templo majestuoso para que la misma presencia de Dios no solamente morara allí sino que llenara aquel lugar, también nosotros tenemos que buscar y anhelar la llenura del Espíritu Santo de Dios.

Salomón entendía muy bien el propósito para el cual él fue llamado. Su actitud y su obediencia determinarían el resultado final en la construcción de aquel templo para Dios. Él se aseguro de seguir las instrucciones dadas a su padre David por parte de Dios y también reconoció la importancia de utilizar solo lo mejor para la construcción del templo. Salomón se esmeró por darle lo mejor a Dios porque el sabía cual sería el resultado de su obediencia.

Aquel templo se construyó no solamente con el propósito de que la misma presencia de Dios habitara allí, sino para que su poder llenara aquel lugar. Para que la gloria de Dios se hiciera manifiesta al pueblo de Israel.

Cuando leemos el relato de la construcción del templo, tanto en el primer libro de los Reyes, como en el segundo libro de Crónicas, vemos que después de que todo el trabajo fue completado, Salomón mando a traer el Arca del Pacto de Dios. Aquel Arca que representaba la misma presencia de Dios, ahora tendría un lugar permanente en donde habitar. El Arca del Pacto era parte del mobiliario del templo y se colocó en el lugar Santísimo. (2 Crónicas 5:7).

Cada uno de nosotros como templo de Dios, tenemos que asegurarnos de tener un lugar en nuestra vida para la presencia de Dios. La presencia de Dios tiene que ser parte de nuestro mobiliario y tiene que tener un lugar especial en nuestra vida. No solamente tenemos que tener la seguridad de nuestra salvación, sino que en todo momento tengamos presente lo que Dios quiere y exige de nosotros. Tenemos que entender que nuestra actitud y nuestra obediencia determinarán que clase de casa espiritual somos.

Cuando seguimos leyendo el relato en el capítulo 5 del segundo libro de Crónicas, es emocionante ver que todos los sacerdotes y adoradores que estaban allí, entendían la importancia de aquel acontecimiento. En los versículos 11 y 12 vemos que todos los sacerdotes se habían santificado, ellos entendían muy bien lo que aquello significaba. Era la presencia santa de Dios que estaría morando en aquel templo. Junto a ellos, dice que **"los levitas cantores estaban de pie en el lado este del altar, vestidos de lino fino y con címbalos, arpas y liras."** Solo podemos imaginarnos aquel momento en el cual habiendo completado el templo y colocado el Arca del Pacto, entraron en una actitud de adoración a Dios.

Tenían muchísimas razones por las cuales dar gracias y alabar a Dios. Fueron siete años de construcción de aquel templo y ahora por fin estaba terminado, la presencia de Dios misma habitaría en aquel templo, así que tenían muchas razones para celebrar. Lo mismo sucede con nuestra vida, tenemos que aprender a entrar en una actitud de adoración y agradecimiento a nuestro Dios y a la misma ver poder celebrar nuestros logros y victorias, los cuales son para la gloria de Dios.

Como he dicho anteriormente, la construcción de tu vida como casa espiritual nunca termina, es un proceso constante de ajustes y cambios. Pero llega un momento en tu vida en el cual reconoces que ha valido la pena todo el trabajo y el esfuerzo que has puesto en tu construcción. Reconociendo que el Espíritu Santo de Dios viene a morar en ti, debes entonces agradecer a Dios por tan excelente obsequio, porque es un regalo de parte de Dios.

Siguiendo con el relato de 2 de Crónicas, vemos que los que estaban allí se habían preparado para lo que habría de venir. Se habían santificado, tenían sus vestimentas e instrumentos listos para la adoración a su Dios. En una actitud de agradecimiento, de adoración y en obediencia dice la palabra: "Los trompetistas y los cantores alababan y daban gracias al Señor al son de trompetas, címbalos y otros instrumentos musicales. Y cuanto tocaron y cantaron al unísono: **"El Señor es bueno; su gran amor perdura para siempre", una nube cubrió el templo del Señor. Por causa de la nube, los sacerdotes no pudieron celebrar el culto,** *pues la gloria del Señor había llenado el templo."* **2 Crónicas 5:13-14** (énfasis mío).

Es importante analizar este acontecimiento a nivel personal, reconociendo que cada uno de nosotros hoy día somos ese templo donde la misma presencia de Dios viene a morar. Fíjate que al llevar el Arca del Pacto al templo y colocarlo en el lugar santísimo, estaban trayendo la presencia de Dios o su Espíritu a morar en el Templo. Pero ahora ocurre algo diferente debido a que tomaron otra acción.

Tomaron la acción de dar gracias y adorar con alabanzas a Dios y por motivo de esta acción se llenó aquel templo de la Gloria de Dios. Ya la presencia de Dios estaba allí, pero la adoración motivó el que Dios derramara su Gloria en aquel lugar a tal grado que ni siquiera pudieron celebrar el culto.

Podemos ver claramente en este relato la diferencia que existe entre que el Espíritu de Dios venga a morar en nuestra vida a estar llenos del

Espíritu Santo de Dios y su poder. La morada del Espíritu Santo en tu vida es una promesa de parte de Dios cuando aceptas a Jesús como tu Señor y Salvador, la llenura del Espíritu Santo tu tienes que buscarla. La llenura del Poder y la Gloria de Dios requiere una actitud de adoración, gratitud y obediencia a Dios.

Entonces vemos la primera llave o clave en la búsqueda de la llenura del Espíritu Santo, es la adoración y gratitud a Dios. Cuando adoramos y agradecemos a Dios constantemente todo lo que ha hecho en nuestra vida, nuestra casa espiritual comenzará a llenarse del Espíritu Santo. Recuerda que la adoración abre las puertas del cielo y Dios derrama su Espíritu sobre aquellos que son agradecidos y muestran una disposición de obediencia a su palabra.

Pero esto no se queda aquí, cuando seguimos leyendo este interesante relato vemos que en el capítulo 6 de 2 de Crónicas, Salomón levanta un clamor de oración a Dios. Me llama la atención ver la manera como se expresa Salomón en el primer versículo cuando dice: **"Señor, tú has dicho que habitarías en la oscuridad de una nube, y yo te he construido un excelso templo, un lugar donde habites para siempre."**

Salomón tenía muy presente la promesa que Dios le había hecho y con seguridad y confianza le presenta el templo a Dios. Ahora la pregunta es: ¿puedes decirle a Dios como dijo Salomón con relación a tu vida? ¿Puedes presentar tu vida como un templo digno de la morada de Dios?

Si has seguido las instrucciones y los planos de construcción, puedes contestar esas preguntas con un fuerte ¡SI! Tienes que tener la seguridad de presentarte ante Dios como una persona digna de su Espíritu Santo, reconociendo que no hay nada que tu puedas hacer para santificar o justificar tu vida. Solamente la sangre derramada por Cristo en la cruz del calvario te limpia y te justifica para presentarte digno ante Dios.

Esa oportunidad no la tenía el pueblo de Israel, el cual constantemente tenía que ofrecer sacrificios por sus pecados. Pero ahora no solamente tenemos la oportunidad cada uno de nosotros de entrar en la presencia de Dios, sino que Jesús pagó una vez y por todas con su sacrificio por nuestros pecados. ¡Que gran regalo de parte de Dios!

Siguiendo el relato del capítulo 6 del segundo libro de Crónicas, vemos que Salomón comienza a declarar una bendición a Dios y al pueblo de Israel. Después, en presencia de todo el pueblo abre su corazón y su boca para orar a Dios. Me llama la atención el hecho de que Salomón comienza su oración reclamando la promesa que Dios le había hecho a su padre David. Pero Salomón sabía que el cumplimiento de aquella promesa vendría por medio de su obediencia y la obediencia del pueblo de Israel.

Como cristianos e hijos de Dios, tenemos que conocer y declarar las promesas que nuestro Padre Celestial nos ha dado por medio de su Palabra. Es por eso la importancia del estudio y la búsqueda de la intimidad con Dios a un nivel personal. El estudio de la palabra nos lleva a grabar en nuestro corazón todas las promesas de Dios para nuestra vida, así como lo hizo Salomón. Una vez que conocemos estas promesas, tenemos que reconocer que nuestra obediencia a la Palabra es una llave para el cumplimiento de estas promesas.

Dios no desea ver a sus hijos viviendo una vida derrotada, por eso ha declarado en su Palabra promesas de victoria y prosperidad para nosotros. Promesas de vida abundante, promesas de sanidad física y espiritual. Dios nos ha demostrado su gran amor por medio de dar a su único hijo para que muriera por nosotros, **"para que todo el que cree en él no se pierda, sino que tenga vida eterna"** Juan 3:16. Pero el amor de Dios no se queda así, sino que nos promete que nos dará su Espíritu, su misma presencia para que venga a nuestra vida.

En 2 Crónicas, capítulo 6, puedes leer toda la oración que Salomón declaró a Dios para presentar aquel excelente templo que había construido. Salomón reconocía que no había nada que él pudiera hacer para obligar o forzar a Dios a que morara en aquel templo. Por eso se presenta humildemente ante Dios, en actitud de obediencia y súplica, rindiendo todo ante Dios e intercediendo por aquel pueblo.

Cada uno de nosotros debemos imitar la actitud de Salomón, reconociendo que nada podemos hacer si no es por la misericordia de Dios. Puede que tengamos una excelente casa espiritual que presentar a Dios, pero tenemos que humillarnos ante su presencia teniendo en mente que es decisión de Dios el darnos el regalo de la llenura del Espíritu Santo.

¿Que resultado tuvo esta oración de Salomón? Una vez más, ocurrió algo sorprendente y cuando leemos el capítulo 7 del segundo libro de Crónicas nos dice: **"Cuando Salomón terminó de orar, descendió fuego del cielo y consumió el holocausto y los sacrificios, y la gloria del Señor llenó el templo.** *Tan lleno de su gloria estaba el templo*, que los sacerdotes no podían entrar en él." **2 Crónicas 7:1-2** (énfasis mío)

¡Qué gran bendición recibió Salomón y todo el pueblo de Israel! Una vez más Dios decide derramar su gloria de tal manera que llenara aquel lugar y no existía espacio para nadie más. Yo no se si tu estas captando la revelación de la palabra que hay en este pasaje bíblico, pero cuando yo estaba escribiendo esta parte, el Espíritu Santo me ponía esta palabra en mi corazón: "Es que cuando yo te lleno con mi poder y mi gloria, no puede existir lugar para nada ni nadie más."

¡Cuan bueno y grande es nuestro Dios! Tenemos que darle toda la honra y gloria porque solo Dios se lo merece. Y Dios nos da la oportunidad a cada uno de ser participes de su gloria y su poder. Recuerda una vez más que cada uno de nosotros representa un templo excelso para Dios. Una vez que llenamos nuestra casa espiritual con la Gloria de Dios, no debe existir lugar para nada ni nadie más que quiera venir a habitar o a llenar nuestra vida.

Una vez que sacamos de nuestra vida todas las cosas que nos destruyen y nos hacen daño, tenemos que procurar ser llenos del Espíritu Santo de Dios. De esa manera cuando lo que haya salido de nosotros quiera volver a entrar, no encontrara la casa vacía y tendrá que alejarse de nosotros. (Mateo 12:43-45). No demos lugar al enemigo.

En el relato del capítulo 6 de 2do de Crónicas, vemos una segunda llave o clave para que la Gloria de Dios se derrame en nuestra casa espiritual. La primera fue la actitud de adoración y agradecimiento, la cual se demuestra por medio de alabar a nuestro Dios. La segunda llave es la Oración, así es, nuestra comunicación con Dios por medio de la oración abre las puertas del cielo para que Dios derrame de su Gloria en nuestra vida.

Cuando nos acercarnos a Dios con un corazón sincero y humilde, como el de Salomón, y presentamos nuestra vida ante Dios como una casa digna de recibir su Espíritu Santo, Dios se complace en nosotros. Como resultado de esto, Dios comienza a derramar bendiciones a nuestra vida a tal punto que podemos experimentar un nivel espiritual mayor. Es en este momento que estamos preparados para recibir el Poder y la Gloria de Dios.

Es interesante que cuando leemos la Biblia, en ningún momento la Palabra nos manda a que busquemos la manera en que el Espíritu Santo venga a morar en nosotros porque es una promesa para cada cristiano. Es una promesa de parte de Dios, que cuando aceptamos a Jesús como nuestro Señor y Salvador, recibimos el Espíritu Santo. Tampoco la Palabra nos ordena a buscar el bautismo del Espíritu Santo, porque es un regalo que Dios da a quien Él quiere.

Pero, la Palabra de Dios nos ordena a ser llenos del Espíritu Santo. En su carta a los Efesios, el Apóstol Pablo nos dice: **"No se emborrachen con vino, que lleva al desenfreno. Al contrario, sean llenos del Espíritu." Efesios 5:18**. Es interesante notar que la palabra griega que se traduce "sean llenos" es "pleroo", y esta palabra significa estar saturados hasta lo máximo de algo. Entonces lo que el Apóstol Pablo quiere transmitir es que tenemos que estar completamente controlados por el Espíritu Santo.

El Apóstol Pablo hace un contraste entre el estar embriagados con vino, el cual lleva a un descontrol total de la persona y el estar llenos de Espíritu. Por experiencia conocemos que una persona borracha no tiene control de sus acciones, muchas veces ni se acuerda de lo que hace y todo su ser es controlado por el alcohol, el cual destruye no solamente su vida, sino muchas veces también la vida de las personas que le rodean.

En contraste la persona que esta llena del Espíritu Santo, es una persona que entrega todo control de su carne al Espíritu, es una persona saturada del Espíritu Santo de Dios el cual toma el control de su vida. Esta llenura del Espíritu Santo es la que nos lleva a vivir una vida en santidad y en victoria para nuestro Dios, a la vez que nos prepara para seguir edificando nuestra vida como casa espiritual.

Cuando dejamos nuestra vida en control del Espíritu Santo de Dios, seremos de bendición para las personas que nos rodean, para nuestra iglesia, nuestra familia, nuestro trabajo y en todo lugar donde estemos allí estará la presencia de Dios. Para lograr esto, tenemos que dejar que el Espíritu Santo entre a cada cuarto y a cada rincón de nuestra casa espiritual, no podemos limitar su entrada.

Muchas veces cuando tenemos visita en nuestra casa, no dejamos que pasen de la sala y quizás tenemos miedo a que vean los cuartos y los closets, porque están desordenados. Pero con el Espíritu Santo no podemos hacer eso. Él quiere entrar a nuestros cuartos y closets que están desordenados, porque es allí donde guardamos muchas cosas que nos hacen daño y Él quiere entrar y organizar nuestra vida por completo.

En estos tiempos Dios está buscando templos, en la vida de sus hijos, que estén preparados no solo para recibir su Espíritu Santo, sino para ser llenos del Poder del Espíritu Santo y que la Gloria de Dios se manifieste a los que no le conocen por medio de tu vida como casa espiritual.

¿Qué tienes que hacer? Estudiar y fijar tu mirada en la Palabra de Dios. Cuando hacemos esto, recibimos la revelación de Jesús, el Hijo de Dios en nuestra vida y somos transformados por medio del Espíritu Santo de Dios para que sea Él quien tome el control de nuestra vida.

Conclusión

Disfruta de tu Casa Espiritual

Sinceramente, mi deseo es que hasta este momento el proceso de construcción de tu *casa espiritual* esté en progreso y que sea algo interesante e importante en tu vida. Mediante la lectura de este libro, has podido conocer cuan importante es para Dios el que pongamos todo nuestro esfuerzo en completar la obra que hemos empezado.

Es sumamente importante el hecho de que como personas que hemos aceptado el sacrificio de Jesús en la cruz, comencemos a moldear todo aspecto de nuestra vida a la voluntad de Dios. Esto lo hacemos cuando rendimos nuestra voluntad a Él y dejamos que sea Él quien dirija y complete la construcción de nuestra vida.

Aunque muchas veces el hablar de construcción nos da la idea de un trabajo duro, tienes que entender que Dios nunca te ha abandonado y Él cuidara de tu vida en todo momento. Puede ser que un momento dado nos cansemos, pero no podemos detener nuestra obra, porque si así lo hacemos, nuestro enemigo tomará ventaja y buscará la manera de que abandonemos la construcción de nuestra vida y dejemos nuestra *casa espiritual* en ruinas.

Una vez que haz tomado la decisión de servir a Dios y obedecer su palabra, no debes mirar atrás. Todo lo que hemos dejado en el pasado, pertenece al pasado y no se compara con lo que Dios ha preparado para cada uno de sus hijos e hijas. La meta final de la construcción de nuestra vida es alcanzar el premio de la vida eterna en Cristo Jesús.

Hay un tiempo para todo

El Rey Salomón escribió unas palabras en el libro de Eclesiastés las cuales tienen un valor poderoso en nuestro día y especialmente cuando hemos tomado la decisión de asociarnos con Dios en la construcción de nuestra *casa espiritual.* En el capítulo 3 del libro de Eclesiastés, verso 1 nos dice el sabio: **"Todo tiene su momento oportuno; hay un tiempo para todo lo que se hace bajo el cielo:".**

Después de esas palabras, Salomón empieza a detallar contrastes para los cuales hay un tiempo determinado. Pero quiero que medites en estas palabras, porque es importante que entiendas que en el propósito de Dios hay un tiempo oportuno y determinado para todo.

En nuestra mente humana es difícil explicar las cosas de Dios porque no tenemos la capacidad primeramente de explicar la eternidad de Dios. Pero en su eternidad, Dios nos ha dado tiempo determinado a nosotros los humanos para establecer el propósito y la voluntad de Él en nuestras vidas.

El tiempo de Dios trabaja de maneras diferentes en cada uno de nosotros. Quiero mencionar esto, especialmente en esta etapa de construcción, porque es importante que entiendas que en muchas personas, este proceso de construcción, no es algo inmediato o de la noche a la mañana.

Establecer una relación personal con Dios, es algo que requiere tiempo de nuestra parte. Esa relación con Dios, con Jesús y con el Espíritu Santo de Dios, es la que te lleva a disfrutar de una vida plena aquí en la Tierra, mientras esperamos ese momento glorioso de la venida de nuestro Señor y Salvador, Cristo Jesús.

Es el momento oportuno de continuar construyendo tu vida pero a la misma vez poder disfrutar de la obra que estas realizando, disfrutar de tu vida como una *casa espiritual*. Este es tu tiempo, es el tiempo que Dios ha determinado para que tomes una decisión seria en tu vida.

Quizás me digas: *"Pero José, es que yo llevo muchos años sirviéndole a Dios, quiero descansar"* o *"Pero José, creo que es muy pronto para empezar."* Excusas, excusas y más excusas, y esas no son la únicas, nuestro enemigo va a poner muchas más en nuestra mente. Nuestro enemigo, Satanás, se encarga de enviar dardos a nuestra mente para que pongamos a un lado los planos de construcción, a un lado nuestras herramientas y abandonemos nuestra obra.

Pero yo conozco al Dios al cual le sirvo, y el solo hecho de que este libro está en tus manos, es muestra de que Dios está tratando con tu vida de una manera especial y hoy te digo como le dijo David a su hijo Salomón: **"¡Sé fuerte y valiente, y pon manos a la obra! No tengas miedo ni te desanimes, porque Dios el SEÑOR, mi Dios, estará contigo. No te dejará ni te abandonará hasta que hayas terminado toda la obra del templo." 1 Crónicas 28:20.**

Salomón entendió y guardó en su corazón aquellas palabras de su padre David y llevó a cabo la obra que se le encomendó. Hoy día cada uno de nosotros tiene la misma encomienda que tuvo Salomón, pero de una manera individual. Ese templo glorioso donde la misma Gloria y Presencia de Dios viene a morar somos tú, yo y toda persona que reconozca la necesidad que tiene de aceptar a Jesús como su Señor y Salvador.

Ese mismo hombre, el sabio Rey Salomón, fue quien escribió las palabras registradas en el capítulo 3 del libro de Eclesiastés. Salomón conocía personalmente la manera como Dios trata con nosotros cuando se trata del tiempo. La construcción del Templo no fue algo inmediato y sin planificación. Tomó tiempo y duro trabajo el completar aquella obra, la cual se construyó con excelencia para un Dios santo.

Lo mismo sucede con cada uno de nosotros hoy día. No queremos ser cristianos mediocres, ni tener un ministerio débil. Debemos esforzarnos por construir nuestra vida con excelencia, con los mejores materiales, con el mejor diseño para dedicar nuestra vida a un Dios Santo y Digno de toda alabanza, adoración y honra.

De la descripción que nos da Salomón en el capítulo 3 del libro de Eclesiastés, quiero sacar a relucir dos versos que me llaman la atención y quiero que medites en esta palabra y la lleves a tu corazón. En el verso 2 nos dice en la primera parte: **"Un tiempo para nacer, y un tiempo para morir."** Hoy es el día de nacer, un día de nueva vida para ti y es el tiempo que Dios ha preparado para que te levantes como todo buen Maestro Constructor y disfrutes de la obra que Dios ha comenzado en tu vida y la cual el mismo Dios terminará.

También es tiempo para morir, pero morir a nuestra voluntad. Morir a nuestra vieja personalidad para que nunca más vuelva a re-surgir ese terreno dañino en nuestra vida. A la vez que morimos a nuestro pasado y a nuestra voluntad, le damos lugar a la voluntad de Dios mediante su Espíritu Santo para que se cumpla el plan perfecto de Dios en nuestra vida.

En el verso 3, en la segunda parte nos dice: **"un tiempo para destruir, y un tiempo para construir."** Ese tiempo de destruir, es el de destruir las obras del pasado, las cosas en las cuales estaba fundada tu vida. Tiempo de no mirar atrás a los terrenos dañinos en los cuales andábamos antes de conocer a Jesús. Es tiempo de destruir todo aquello que nos mantenía en derrota y en este libro te he dado las herramientas necesarias para hacerlo.

"Tiempo de Construir"

Es tiempo de poner manos a la obra y espero que ya que estas leyendo esta parte del libro, hayas comenzado la construcción de tu vida. Pero recuerda que una vez empieces, nunca terminas. Dios es quien decide el final, y como humanos imperfectos, mientras estemos aquí en la Tierra, tenemos que continuar nuestra obra de construcción.

Lo interesante de este asunto es que si seguimos las instrucciones que Dios nos da en su Palabra y nos esforzamos por cumplirlas, llegará el momento en que, al igual que una casa física, nuestra construcción será más como un mantenimiento. Sí, porque si escuchamos la voz de Dios y somos sensibles a la obra del Espíritu Santo, seremos dirigidos por Dios para completar la obra que Él nos ha mandado a hacer.

Ahora, esto no se queda aquí. Dios exige algo más de cada uno de nosotros porque Él no quiere que nos quedemos con esta palabra escondida. Dios quiere que compartamos esta palabra y ayudemos a otros en la construcción de su vida. Recuerda que al aceptar a Jesús, venimos a ser parte del cuerpo de Cristo y como miembros del cuerpo tenemos que ejercer nuestra función.

Es en este momento que nuestra *casa espiritual* viene a ejercer su función en su totalidad. Es ahora cuando verdaderamente podemos disfrutar de nuestra casa porque la compartimos e invitamos a otros a nuestra *casa espiritual* para compartir el refrigerio de la Palabra de Dios y el alimento espiritual.

Una vez que llegamos a este nivel, estamos abriendo nuestras ventanas para que la luz de la verdad de Jesús, ilumine al mundo que rodea el exterior de nuestra *casa espiritual.* Estamos abriendo nuestras puertas para que aquel que no conozca de Jesús, lo pueda conocer por medio de la manera en que nosotros vivimos y mantenemos nuestra casa.

No quiero terminar este libro sin antes compartir unas palabras del Apóstol Pablo las cuales llevo en mi corazón y me sirven de motivación para nunca abandonar esta obra de construcción. **"Hermanos, no pienso que yo mismo lo haya logrado ya. Más bien, una cosa hago: olvidando lo que queda atrás y esforzándome por alcanzar lo que está delante, sigo avanzando hacia la meta para ganar el premio que Dios ofrece mediante su llamamiento celestial en Cristo Jesús." Filipenses 3:13-14.**

Querido lector, espero que este libro haya sido de bendición para tu vida. Nunca te desanimes y pon tu mirada en ese premio tan precioso, el premio de la salvación. Quiero que compartas conmigo tu testimonio y como este libro te ha ayudado en tu relación personal con Dios.

Visita mi página de Internet: *www.casaespiritual.com*, allí te podrás comunicar conmigo y también tendrás la oportunidad de escuchar el programa semanal *Casa Espiritual*. Este programa se graba semanalmente y va dirigido a fundamentar y edificar una relación personal con Jesús, fuera de la rutina religiosa.

¡Que Dios te bendiga y que su gracia y misericordia estén contigo en todo momento! Recibe en este momento un abrazo del Espíritu Santo de Dios y que el amor de Jesús pueda reflejarse en tu vida para bendición de los que te rodean. Yo declaro una palabra de vida abundante en la vida de todo aquel que ha comenzado a construir su **casa espiritual.**